ROCK'N' SOUL KITCHEN

Tobi Stegmann

INHALT

SERVUS,

„Hey, bist du nicht der Typ aus ‚The Taste'?", werde ich öfter gefragt. Vor einem Jahr war ich da Zweiter und muss sagen: Das Mitmachen war ein Riesenspaß. Es hat mich in meinem Weg bestärkt. In kürzester Zeit nur mit den Zutaten, die gerade da sind, etwas auf den Teller zu zaubern, das überrascht – das kenne ich nicht nur als Profi. Auch vom Kochen daheim! Ich habe zwei kleine Kinder, da bleibt im Alltag nicht viel Zeit für große Kocherei. Schnell muss es gehen! Ich bin kein Freund von Schnickschnack. Mag es unkompliziert und pur. Das Wichtigste ist der Geschmack. Und der kommt nicht von tausenderlei Gewürzen. Sondern vom guten Produkt.

Wenn ein Musiker unplugged spielt, hat er auch nur seine Stimme und die Gitarre – that's it. Keep it simple! So mache ich das auch. Die Seele meiner Küche sind frische Zutaten aus der Region. Ich koche nur mit Lebensmitteln, die gerade reif sind und voller Aroma. Da braucht's kein großes Drumrum mehr. Da entsteht fast wie von selbst etwas Leckeres daraus!

Deshalb habe ich meine Rezepte auch an den Jahreszeiten orientiert. Die ersten Erdbeeren vom Feld, Tomaten aus dem Garten, Schwammerl aus dem Wald – sauguad! Meine Mama hat auch immer nach den Jahreszeiten gekocht. Klassiker, die zu richtigen Leibspeisen geworden sind. Da dachte ich: Warum interpretiere ich die nicht mal für euch neu? Diese traditionellen Gerichte sind viel zu lecker, um sie in der Versenkung verschwinden zu lassen.

Wie ein Rockmusiker habe ich dabei frei improvisiert. Aus den Grundzutaten bekannter Klassiker jeweils zwei moderne Varianten komponiert: ein Freestyle-Menü, das super im Alltag funktioniert. Und ein On-Stage-Menü – kreativ und raffiniert, aber trotzdem easy zu kochen. Ihr erkennt die jeweilige Variante an den Symbolen bei den Rezepten. Damit wird eure Küche locker zur Bühne. Applaus garantiert. In diesem Sinne: Keep on rocking!

Euer

Tobi Stegmann

FRÜHLING

MENÜ 1

SPRING IS IN THE AIR

Bärlauch | Eier | Spargel | Kartoffeln | Speck | Erdbeeren | Vanille

MENÜ 2

ALL YOU CAN COOK!

Spargel | Lachs | Kartoffeln | Spinat | Eier | Holunder

MENÜ 3

LOOKING GOOD, BABY!

Käse | Lauch | Hähnchen | Spargel | Morcheln | Hackfleisch | Rhabarber

MENÜ I

SPRING IS IN THE AIR

Wenn es Frühling wurde – da hab ich mich als Kind wahnsinnig drauf gefreut! Weil es dann endlich wieder Erdbeerkuchen gab. Bärlauchsuppe. Und Spargel! Klassisch, von der Mama gekocht. Mit Kartoffeln, Schinken und Sauce Hollandaise. Der Erdbeerkuchen bekam einen dicken Tortenguss. Saulecker hat es geschmeckt. Ein Mund voll Frühling! Das war was Besonderes für mich. Ich musste ja ewig darauf warten – ein ganzes Jahr! Aber genau das fand ich schon als Kind faszinierend: dass es nicht alles zu jeder Zeit gibt. Das hat meine Vorfreude angestachelt. Und die hab ich heute noch! Wenn es draußen wärmer wird, der erste Spargel und die ersten heimischen Erdbeeren auf dem Markt sind, bricht bei mir der Frühling in der Küche aus. Ein bisserl wie damals – und trotzdem anders. Cooler. Knuspriger. Extrasahnig. Ultralecker! Nur den Tortenguss – den schick ich weiterhin in den Winterschlaf!

VORSPEISE
Bärlauch-French-Toasts
mit Erdäpfelkas

HAUPTSPEISE
Spargelragout mit Speckchips
und pochiertem Ei

DESSERT
Vanilleschmand
mit Erdbeersalat und Streuseln

VORSPEISE
Bärlauchschlutzkrapfen
mit Käseschaum und Chips

HAUPTSPEISE
Spargelquiche mit Wildkräutersalat
und Speckvinaigrette

DESSERT
Tobis New York Cheesecake
mit Erdbeer-Duett

VORSPEISE

BÄRLAUCH-FRENCH-TOASTS
MIT ERDÄPFELKAS

4 PERSONEN

- 1 Bund Bärlauch (100 g)
- 300 g vorgegarte mehligkochende Kartoffeln (Erdäpfel; vom Vortag)
- 100 g saure Sahne (Sauerrahm)
- Salz • Pfeffer aus der Mühle
- 2 Eier
- 8 Scheiben Weißbrot (à ca. 40 g)
- 2 EL Butter
- 50 ml Öl

Für den Erdapfelkäs den Bärlauch waschen, trocken schütteln und klein hacken. Die Kartoffeln pellen, mit einer Gabel zerdrücken und mit der sauren Sahne mischen. Ein Drittel des Bärlauchs zur Kartoffelmasse geben und den Kas mit Salz und Pfeffer würzen, kühl stellen.

Die Eier mit dem übrigen Bärlauch, Salz und Pfeffer in einem hohen Rührbecher mit dem Stabmixer glatt pürieren. Die Eiermasse in eine flache Schüssel füllen und die Brotscheiben darin einweichen.

Gleichzeitig Butter und Öl in einer Pfanne aufschäumen lassen, die Brotscheiben kurz abtropfen lassen und darin portionsweise auf jeder Seite knusprig braten. Die Bärlauch-French-Toasts herausnehmen und auf Küchenpapier gut abtropfen lassen. Mit dem Erdäpfelkas servieren.

SPARGELRAGOUT MIT SPECKCHIPS UND POCHIERTEM EI

4 PERSONEN

FÜR DAS RAGOUT
- 3 Schalotten
- 300 g vorwiegend festkochende Kartoffeln
- 400 g weißer Spargel
- 2 EL Öl
- 100 ml trockener Weißwein
- 100 ml Gemüsebrühe
- 200 g Sahne
- Salz • Pfeffer aus der Mühle
- frisch geriebene Muskatnuss
- 2 EL Schnittlauchröllchen

FÜR DIE CHIPS
- 150 g durchwachsener Räucherspeck (in dünnen Scheiben)

FÜR DIE EIER
- 4 EL Essig
- 4 Eier

Den Backofen auf 180 °C vorheizen. Ein Backblech mit Backpapier auslegen.

Für das Ragout die Schalotten schälen und in feine Würfel schneiden. Die Kartoffeln schälen, waschen und in 1 cm große Würfel schneiden. Den Spargel schälen und die holzigen Enden entfernen. Die Stangen ebenfalls in 1 cm große Stücke schneiden.

Die Schalotten und Kartoffeln im Öl andünsten, den Wein dazugießen und auf die Hälfte einkochen lassen. Die Brühe hinzufügen und auf die Hälfte einkochen lassen. Die Sahne und Spargelstücke dazugeben und alles offen bei mittlerer Hitze etwa 5 Minuten garen, bis eine cremige Konsistenz erreicht und der Spargel weich ist. Das Ragout mit Salz, Pfeffer und Muskatnuss würzen und den Schnittlauch unterrühren, warm halten.

Währenddessen für die Chips die Speckscheiben auf dem Blech verteilen und mit einem weiteren Blatt Backpapier bedecken. Falls möglich, mit einem weiteren Blech beschweren, so werden die Chips flach und knusprig. Die Chips im Ofen auf der mittleren Schiene etwa 20 Minuten braten. Danach aus dem Ofen nehmen und etwas abkühlen lassen, zum Servieren in mundgerechte Stücke zerkleinern.

Inzwischen für die Eier in einem Topf 2 l Wasser mit dem Essig aufkochen. Die Eier einzeln jeweils in eine Tasse aufschlagen. Mit einem Schneebesen einen Strudel im Essigwasser erzeugen und die Eier jeweils nacheinander in die Mitte des Strudels gleiten lassen, so schließt sich das Eiweiß perfekt um das Eigelb. Die Eier jeweils 4 bis 5 Minuten ziehen lassen, danach mit einem Schaumlöffel herausheben.

Zum Servieren das Spargelragout mit den pochierten Eiern auf Teller verteilen und die Speckchips darüberstreuen.

VANILLESCHMAND
MIT ERDBEERSALAT
UND STREUSELN

4 PERSONEN

FÜR DEN SALAT
- 200 g Erdbeeren
- 50 g Puderzucker
- 20 ml Orangenlikör (z. B. Grand Marnier)
- 4 Blätter Minze

FÜR DIE STREUSEL
- 100 g weiche Butter
- 120 g Mehl
- 80 g Zucker
- 1 Prise Salz

FÜR DEN SCHMAND
- 300 g Schmand
- 80 g Puderzucker
- Mark von 1 Vanilleschote
- Salz

Für den Salat die Erdbeeren waschen, putzen und in kleine Würfel schneiden. Die Erdbeerwürfel in einer Schüssel mit Puderzucker und Likör mischen. Die Minze waschen, trocken tupfen und klein hacken. Ebenfalls unter die Erdbeeren mischen und alles ziehen lassen.

Für die Streusel den Backofen auf 180 °C vorheizen. Ein Backblech mit Backpapier auslegen. Alle Zutaten in einer Schüssel gut mischen, zwischen den Handflächen zerbröseln und auf dem Blech verteilen. Die Streusel im Ofen auf der mittleren Schiene etwa 20 Minuten backen. Aus dem Ofen nehmen und abkühlen lassen.

Inzwischen in einer kleinen Schüssel den Schmand mit Puderzucker, Vanillemark und 1 Prise Salz verrühren.

Zum Servieren Erdbeersalat, Vanilleschmand und Streusel abwechselnd in Gläser schichten, wobei die Streusel die letzte Schicht bilden (sie sollten schön knusprig bleiben und nicht matschig werden). Nach Belieben die Gläser mit frischen Minzespitzen garnieren.

TIPP: Wer das Dessert vorbereiten will, kann den Erdbeersalat und den Schmand schon in Gläser schichten, die Streusel aber erst kurz vor dem Servieren darüberstreuen – fürs Knuspertopping!

BÄRLAUCH-SCHLUTZKRAPFEN
MIT KÄSESCHAUM UND CHIPS

4 PERSONEN

FÜR DEN TEIG
- 150 g Mehl
- 150 g Roggenmehl (Type 1150)
- 1 TL Öl
- 3 Eier

FÜR DIE FÜLLUNG
- 300 g mehligkochende Kartoffeln • Salz
- 100 g Zwiebeln
- 2 EL Butter
- 50 g Bärlauch
- 50 g Schmand
- Pfeffer aus der Mühle

FÜR DEN SCHAUM
- 100 g Schalotten
- 2 EL Öl
- 125 ml trockener Weißwein
- 200 ml Gemüsebrühe
- 150 g Sahne
- 80 g geriebener Asmonte (bayr. Parmesan)
- Salz • Pfeffer aus der Mühle

FÜR DIE CHIPS
- 150 g Schwarzbrot (in dünnen Scheiben)
- 50 g Butter
- Meersalz

AUSSERDEM
- Mehl für die Arbeitsfläche
- Salz
- Butter zum Schwenken

Für den Teig alle Zutaten in einer Schüssel mit den Knethaken des Handrührgeräts zu einem glatten Teig verarbeiten. In Frischhaltefolie wickeln und etwa 20 Minuten kühl stellen.

Für die Füllung die Kartoffeln mit der Schale waschen und in Salzwasser weich garen. Abgießen, ausdampfen lassen, möglichst heiß pellen und mit einem Kartoffelstampfer zerdrücken. Währenddessen die Zwiebeln schälen, in feine Würfel schneiden und in der Butter andünsten. Dann zu den Kartoffeln geben. Den Bärlauch waschen, trocken schütteln, klein hacken und mit dem Schmand ebenfalls zur Kartoffelmasse geben. Alles mit Salz und Pfeffer würzen und gut mischen.

Inzwischen für den Schaum die Schalotten schälen, fein würfeln und im Öl andünsten. Den Wein dazugießen und fast vollständig einkochen lassen. Brühe dazugießen und auf die Hälfte einkochen lassen. Sahne hinzufügen und etwas einkochen lassen, warm halten.

Für die Chips die Brotscheiben in einer Pfanne in der Butter auf jeder Seite rösten. Auf Küchenpapier abtropfen lassen und mit Meersalz würzen.

Für die Schlutzkrapfen den Teig auf wenig Mehl dünn ausrollen und 20 Kreise (à 10 cm Durchmesser) ausstechen. Auf jeden Kreis eine walnussgroße Menge Füllung geben. Die Teigränder mit Wasser befeuchten, jeden Kreis zu einem Halbmond zusammenklappen und die Ränder mit einer Gabel festdrücken. Die Schlutzkrapfen in reichlich siedendem Salzwasser 3 bis 4 Minuten garen, herausheben und abtropfen lassen. Zum Servieren in einer Pfanne etwas Butter und Kochwasser erhitzen und die Schlutzkrapfen darin kurz schwenken.

Für den Schaum den Asmonte zur Sauce geben, alles mit dem Stabmixer aufschäumen, salzen und pfeffern. Auf Teller verteilen und die Schlutzkrapfen daraufsetzen. Jeweils mit einigen Chips und nach Belieben mit Petersilienstielen garnieren.

SPARGELQUICHE MIT WILDKRÄUTERSALAT UND SPECKVINAIGRETTE

I QUICHE

FÜR DEN TEIG
- 300 g Mehl
- 150 g kalte Butter
- 1 Ei
- 1 Prise Salz

FÜR DIE FÜLLUNG
- 100 g grüner Spargel
- 100 g weißer Spargel
- Salz
- 2 Eier
- 200 g Sahne
- Pfeffer aus der Mühle

FÜR DIE VINAIGRETTE
- 100 g durchwachsener Räucherspeck (am Stück)
- 80 g vorgegarte vorwiegend festkochende Kartoffeln
- 50 ml Balsamico bianco
- 100 ml Öl
- Salz • Pfeffer aus der Mühle
- Zucker

AUSSERDEM
- Butter für die Form
- Mehl für die Arbeitsfläche
- 300 g getr. Hülsenfrüchte zum Blindbacken
- 300 g gemischte Wildkräuter (z. B. Vogelmiere, Wiesenkerbel, Gundermann, Rauke, Portulak, Brunnenkresse)

Für den Teig alle Zutaten zu einem glatten Mürbeteig verarbeiten, zu einer Kugel formen und in Frischhaltefolie gewickelt bei Zimmertemperatur 20 Minuten ruhen lassen.

Den Backofen auf 180 °C vorheizen. Eine Springform (28 cm Durchmesser) einfetten. Den Teig auf wenig Mehl ausrollen und die Form damit auskleiden. Den Boden mit Backpapier belegen, mit den Hülsenfrüchten auffüllen und im Ofen auf der mittleren Schiene 15 Minuten blindbacken. Herausnehmen und das Backpapier mit den Hülsenfrüchten entfernen, die Ofentemperatur auf 200 °C erhöhen.

Währenddessen für die Füllung den grünen Spargel waschen, den weißen ganz, den grünen nur im unteren Drittel schälen, die holzigen Enden entfernen. Die Stangen in kochendem Salzwasser 3 Minuten blanchieren, herausnehmen, abtropfen lassen und auf dem vorgebackenen Boden verteilen. Eier und Sahne mit Salz und Pfeffer verquirlen und den Spargel damit übergießen. Die Tarte im Ofen auf der mittleren Schiene etwa 25 Minuten backen, herausnehmen und vor dem Servieren kurz abkühlen lassen.

Inzwischen für die Vinaigrette den Speck in feine Würfel schneiden und in einer Pfanne ohne Fett knusprig braten. Herausnehmen und auf Küchenpapier abtropfen lassen. Die Kartoffeln pellen, klein schneiden und in einem hohen Rührbecher mit Essig, Öl, Salz, Pfeffer und 1 Prise Zucker mit dem Stabmixer glatt pürieren.

Die Wildkräuter putzen, waschen und trocken schütteln. Die Vinaigrette mit den Speckwürfeln mischen und den Wildkräutersalat damit marinieren. Zur Tarte servieren.

TOBIS NEW YORK CHEESECAKE
MIT ERDBEER-DUETT

I CHEESECAKE

FÜR DEN CHEESECAKE
- 1 Päckchen Vollkorn-butterkekse (200 g)
- 250 g Butter
- 2 Eier
- 4 Eigelb
- 250 g Zucker
- 600 g Frischkäse (Doppelrahmstufe)
- 400 g saure Sahne (Sauerrahm)
- 100 g Mehl
- Mark von 2 Vanilleschoten

FÜR DAS SORBET
- 300 g Erdbeeren
- 50 g Puderzucker
- 100 g Glukosesirup (aus dem Onlinehandel)

FÜR DAS KOMPOTT
- 300 g Erdbeeren
- 100 ml Orangensaft
- 50 g Zucker

Den Backofen auf 150 °C vorheizen. Für den Cheesecake die Butterkekse in einem Gefrierbeutel mit dem Nudelholz fein zerbröseln. Die Butter zerlassen und in einer Schüssel mit den Bröseln mischen. Die Bröselmischung auf dem Boden einer Springform (28 cm Durchmesser) verteilen und mit den Händen gut andrücken. Den Bröselboden im Ofen auf der mittleren Schiene 15 Minuten backen. Dann herausnehmen, den Ofen jedoch nicht ausschalten.

Inzwischen Eier, Eigelbe und Zucker in einer Schüssel mit den Quirlen des Handrührgeräts schaumig schlagen. Die restlichen Cheesecake-Zutaten dazugeben und alles zu einer glatten Masse verarbeiten.

Die Cheesecake-Masse auf den vorgebackenen Bröselboden in die Springform geben und den Kuchen im Ofen auf der mittleren Schiene etappenweise backen: erst 30 Minuten bei 150 °C, dann 20 Minuten bei 90 °C und zuletzt 15 Minuten im ausgeschalteten Ofen bei geöffneter Tür. Den Cheesecake herausnehmen, abkühlen lassen und mindestens 4 Stunden kühl stellen.

Inzwischen für das Sorbet die Erdbeeren waschen, putzen und mit dem Puderzucker mit dem Stabmixer pürieren. Das Püree durch ein feines Sieb streichen, um die Kerne zu entfernen. Die Glukose in einem Topf bei schwacher Hitze kurz erwärmen, damit sie flüssiger wird. Das Erdbeerpüree hinzufügen und gut unterrühren. Die Masse vollständig abkühlen lassen, danach in der Eismaschine etwa 40 Minuten gefrieren lassen.

Für das Kompott die Erdbeeren waschen und putzen. Ein Drittel der Früchte mit Orangensaft und Zucker mit dem Stabmixer fein pürieren. Das Püree in einem kleinen Topf sirupartig einkochen lassen. Die restlichen Erdbeeren in kleine Würfel schneiden und in den letzten Minuten zum Püree geben (aber nicht verkochen!).

Zum Servieren den Cheesecake in Stücke schneiden und mit etwas Erdbeerkompott und 1 Kugel Erdbeersorbet auf Tellern anrichten.

MENÜ 2

ALL YOU CAN COOK!

So richtig aus dem Vollen schöpfen und das nutzen, was die Natur hergibt, das gefällt mir beim Kochen. Auch an den klassischen Gerichten. Eine Spargelcremesuppe zum Beispiel – da hat meine Mama früher auch die Schalen dafür verwendet. Kartoffeln mit Spinat und Spiegelei – mit Kartoffeln vom Vortag war das ursprünglich ein Resterlessen. Oder der Holunder – da sind nicht nur die Früchte, sondern auch die Blüten toll zum Kochen. Jetzt ist das wieder voll im Trend: diese Nachhaltigkeit im Umgang mit Lebensmitteln. Topmodern. Ich steh da voll dahinter. Und lasse mich bei meinen Interpretationen davon inspirieren. Spargel gibt's bei mir nur aus der Region. Die Lachsforelle sowieso. Und für eine Frittata – da kann man ruhig die übrigen Kartoffeln vom Vortag nehmen. Kreativ sein mit dem, was gerade da ist – da fällt mir jede Menge ein, was sich Tolles draus machen lässt!

VORSPEISE

Spargel-Tagliatelle mit
Orangenlachs aus dem Ofen

HAUPTSPEISE

Kartoffel-Frittata
mit Spinatsalat

DESSERT

Holundertörtchen
mit Vanille-Frischkäse-Topping

VORSPEISE

Spargelmousse und Spargelsalat
mit Lachsforelle

HAUPTSPEISE

Gebackene Eier
mit Tomaten-Pinienkern-Spinat
und Kartoffel-Sotto

DESSERT

Vanille-Topfen-Mousse
mit Holundereis

VORSPEISE

SPARGEL-TAGLIATELLE
MIT ORANGENLACHS
AUS DEM OFEN

4 PERSONEN

- 4 Lachsfilets (à ca. 120 g)
- 1 EL Olivenöl
- abgeriebene Schale von 1 Bio-Orange
- Salz • Pfeffer aus der Mühle
- 500 g weißer Spargel
- 2 EL Butter
- 80 ml trockener Weißwein
- 150 g Sahne
- 2 EL Schnittlauchröllchen

Den Backofen auf 100 °C vorheizen. Die Lachsfilets waschen, trocken tupfen und rundum mit dem Olivenöl einreiben. Mit Orangenschale, Salz und Pfeffer bestreuen, in eine ofenfeste Form setzen und im Ofen auf der mittleren Schiene 20 Minuten garen. Herausnehmen und nicht zu lange warm halten.

Währenddessen den Spargel schälen und die holzigen Enden entfernen. Die Spargelstangen mit dem Sparschäler in feine Streifen schneiden. Die Butter in einer Pfanne zerlassen und die Spargel-Tagliatelle darin andünsten. Mit dem Wein ablöschen und die Sahne dazugießen. Alles etwa 5 Minuten cremig einkochen lassen, dann den Schnittlauch hinzufügen und mit Salz und Pfeffer würzen.

Zum Servieren die Spargel-Tagliatelle in vorgewärmten tiefen Tellern anrichten und den Lachs daraufsetzen. Nach Belieben mit etwas abgeriebener Bio-Orangenschale garnieren.

KARTOFFEL-FRITTATA
MIT SPINATSALAT

4 PERSONEN

FÜR DIE FRITTATA
- 8 Eier
- 100 g geriebener Parmesan
- Salz • Pfeffer aus der Mühle
- 600 g vorgegarte vorwiegend festkochende Kartoffeln
- 2 Schalotten
- 1 Knoblauchzehe
- 50 g Butter

FÜR DEN SALAT
- 4 Handvoll junger Blattspinat
- 1 Limette
- Salz
- 4 EL Olivenöl

Den Backofen auf 180 °C vorheizen. Für die Frittata die Eier mit dem Parmesan in einer Schüssel verquirlen und mit Salz und Pfeffer würzen. Die Kartoffeln pellen und in 1 cm große Würfel schneiden.

Schalotten und Knoblauch schälen, in feine Würfel schneiden und in einer großen ofenfesten Pfanne (ca. 28 cm Durchmesser) in der Butter andünsten. Die Eiermischung darübergießen und die Kartoffelwürfel gleichmäßig darauf verteilen. Die Frittata im Ofen auf der mittleren Schiene 20 Minuten garen. Herausnehmen und vor dem Servieren kurz abkühlen lassen.

Inzwischen für den Salat den Spinat verlesen, waschen und trocken schleudern. Die Limette halbieren und auspressen. Den Limettensaft mit Salz und Olivenöl zu einem Dressing verrühren und den Spinat damit marinieren.

Zum Servieren die Kartoffel-Frittata auf einen großen Teller stürzen und in 8 Stücke schneiden. Jeweils 2 Stücke Frittata mit etwas Spinatsalat auf Tellern anrichten.

TIPP: Falls du die Frittata nur in der Pfanne und nicht im Ofen zubereiten möchtest: Schalotten und Knoblauch in der Pfanne andünsten und beides leicht abgekühlt mit den Kartoffelwürfeln unter die Eiermischung rühren. Die Masse sofort in der gefetteten Pfanne gleichmäßig verteilen und zugedeckt bei schwacher Hitze 7 bis 10 Minuten stocken lassen. Dann die Tortilla mit einem Pfannenwender vorsichtig vom Pfannenboden lösen, einen großen Teller umgedreht auf die Pfanne legen und beides schwungvoll wenden – die Tortilla wieder in die Pfanne gleiten lassen und die zweite Seite ebenfalls zugedeckt bei schwacher Hitze noch 2 bis 3 Minuten stocken lassen.

Meine Tracklist Frühling -
Thin Lizzy - The Boys are back in town
Foo Fighters - Learning to fly
The Ataris - The Boys of summer
Krautschödl - Da Öffna
Queens of the Stone Age - Make it wit chu
The Temperance Movement - Only Friend
Tenacious D - Rize of the Fenix

DESSERT

HOLUNDERTÖRTCHEN
MIT VANILLE-FRISCHKÄSE-TOPPING

6 PERSONEN

FÜR DIE TÖRTCHEN
- 100 g frische Holunderbeeren (ersatzweise Holunderkompott; siehe Tipp)
- 100 g weiche Butter
- 100 g Zucker
- 2 Eier
- 2 EL Milch
- Salz
- 200 g Mehl
- 1 Msp. Backpulver

FÜR DAS TOPPING
- 200 g Frischkäse (Doppelrahmstufe)
- 3 EL Holunderblütensirup
- Mark von 1 Vanilleschote

AUSSERDEM
- Butter und Mehl für die Förmchen

Den Backofen auf 180 °C vorheizen. Sechs Muffinförmchen mit Butter einfetten und mit Mehl ausstäuben.

Für die Törtchen die Beeren verlesen, waschen und trocken tupfen. Die weiche Butter mit dem Zucker cremig rühren. Eier, Milch und 1 Prise Salz hinzufügen und gut untermischen. Das Mehl mit dem Backpulver sieben und unter die Eiermasse heben. Zuletzt die Holunderbeeren dazugeben.

Die Masse auf die Förmchen verteilen und im Ofen auf der mittleren Schiene etwa 15 Minuten backen. Dann aus dem Ofen nehmen und gut abkühlen lassen.

Inzwischen für das Topping den Frischkäse mit dem Holunderblütensirup und dem Vanillemark verrühren. Zum Servieren mithilfe eines Spritzbeutels auf jedes Törtchen ein Topping setzen und nach Belieben mit ein paar Mohnsamen garnieren.

TIPP: Holunderbeeren darf man nicht roh essen, denn sie – und auch die Samen (des reifen Holunders) – enthalten die giftige Substanz Sambunigrin. Kochen oder in Teig ausbacken zerstört das Gift.

VORSPEISE

SPARGELMOUSSE
UND SPARGELSALAT
MIT LACHSFORELLE

4 PERSONEN

FÜR DIE MOUSSE

› 3 Blatt Gelatine
› 250 g weißer Spargel
› 150 ml Gemüsebrühe
› 100 g Sahne

FÜR DEN FISCH

› 1 Sternanis
› ½ TL Fenchelsamen
› ½ TL Senfsamen
› 200 g Meersalz
› 50 g brauner Zucker
› 2 EL gehackter Dill
› abgeriebene Schale von 2 Bio-Limetten
› 2 Lachsforellenfilets (à ca. 150 g; am besten Sushi-Qualität)

FÜR DEN SALAT

› 100 g grüner Spargel
› 100 g weißer Spargel
› 100 ml Öl
› 50 ml Orangensaft
› 50 ml Balsamico bianco
› 1 TL mittelscharfer Senf
› Zucker
› Salz • Pfeffer aus der Mühle

Für die Mousse die Gelatine in kaltem Wasser einweichen. Den Spargel schälen und in grobe Stücke schneiden, dabei die holzigen Enden entfernen. Die Spargelstücke in einem Topf in der Brühe 5 bis 7 Minuten weich garen, die Brühe soll danach fast vollständig eingekocht sein. Den Spargel in einem hohen Rührbecher mit dem Stabmixer fein pürieren. Die Gelatine gut ausdrücken und im warmen Püree auflösen, alles etwas abkühlen lassen. Inzwischen die Sahne steif schlagen und unter die abgekühlte Spargelmasse heben. Die Mousse in vier Förmchen oder Anrichteringe füllen und etwa 2 Stunden kühl stellen.

Inzwischen für den Fisch Anis, Fenchel- und Senfsamen in einer Pfanne ohne Fett 2 Minuten anrösten, herausnehmen und im Mörser fein mahlen. Mit Meersalz, Zucker, Dill und Limettenschale mischen. Den Fisch waschen, trocken tupfen und in einer flachen Schale rundum gut mit dem Würzsalz bedecken. Im Kühlschrank 1 Stunde beizen.

Währenddessen für den Salat den grünen Spargel waschen, den weißen ganz, den grünen nur im unteren Drittel schälen. Die holzigen Enden entfernen und die Stangen schräg in dünne Scheiben schneiden. In einer Pfanne in wenig Öl anbraten und mit dem Orangensaft ablöschen, vom Herd nehmen. Essig, übriges Öl, Senf, 1 Prise Zucker, Salz und Pfeffer zu einer Vinaigrette verrühren. Den Spargel noch heiß mit der Vinaigrette mischen und darin 10 Minuten ziehen lassen.

Zum Servieren die Beize vom Fisch abbrausen, den Lachs mit Küchenpapier trocken tupfen und in sehr dünne Scheiben schneiden. Die Mousse nach Belieben aus den Förmchen lösen und auf Teller setzen, den Spargelsalat und den Lachs daneben anrichten. Nach Belieben mit Dillspitzen garnieren.

GEBACKENE EIER
MIT TOMATEN-PINIENKERN-SPINAT
UND KARTOFFEL-SOTTO

4 PERSONEN

FÜR DIE EIER
- 1 EL Essig
- 5 Eier
- 50 g Mehl
- 50 g Panko (asiat. Paniermehl; ersatzweise Weißbrotbrösel)
- Salz • Pfeffer aus der Mühle
- Öl zum Ausbacken

FÜR DAS KARTOFFEL-SOTTO
- 600 g vorwiegend festkochende Kartoffeln
- 2 Schalotten
- 1 Knoblauchzehe
- 2 EL Öl
- 100 ml trockener Weißwein
- 400 ml Gemüsebrühe
- Salz • Pfeffer aus der Mühle
- frisch geriebene Muskatnuss
- 2 EL Butter
- 50 g geriebener Parmesan

FÜR DEN SPINAT
- 6 Handvoll Blattspinat
- 1 Schalotte
- 1 Knoblauchzehe
- 10 Cocktailtomaten
- 3 EL geröstete Pinienkerne
- 2 EL Butter
- Salz • Pfeffer aus der Mühle

Für die Eier in einem Topf ½ l Wasser mit dem Essig aufkochen. 4 Eier einzeln jeweils in eine Tasse aufschlagen. Mit einem Schneebesen einen Strudel im Essigwasser erzeugen und die Eier jeweils nacheinander in die Mitte des Strudels gleiten lassen, so schließt sich das Eiweiß perfekt um das Eigelb. Die Eier jeweils etwa 4 Minuten ziehen lassen, danach mit einem Schaumlöffel herausnehmen und mit Küchenpapier trocken tupfen.

Für das Kartoffel-Sotto die Kartoffeln schälen, waschen und in ½ cm große Würfel schneiden. Schalotten und Knoblauch schälen, in feine Würfel schneiden und mit den Kartoffeln in einer Pfanne im Öl andünsten. Mit dem Wein ablöschen, die Brühe dazugießen und alles offen bei mittlerer Hitze etwa 10 Minuten köcheln, bis die Flüssigkeit fast vollständig eingekocht ist und die Kartoffeln weich sind. Mit Salz, Pfeffer und Muskatnuss würzen, Butter und Parmesan unterrühren, warm halten.

Den Spinat verlesen und waschen, grobe Stiele entfernen. Schalotte und Knoblauch schälen und in feine Würfel schneiden. Die Tomaten waschen, vierteln und mit den Pinienkernen in einer Pfanne in der Butter andünsten. Den Spinat dazugeben und zusammenfallen lassen, mit Salz und Pfeffer würzen.

Das Mehl und den Panko jeweils in tiefe Teller geben. Das übrige Ei in einem tiefen Teller verquirlen, mit Salz und Pfeffer würzen. Die pochierten Eier zunächst im Mehl wenden. Dann durch das verquirlte Ei ziehen und zuletzt im Panko panieren. Reichlich Fett in einem Topf auf 180 °C erhitzen und die Eier darin rundum goldgelb frittieren. Herausnehmen und auf Küchenpapier abtropfen lassen.

Zum Servieren das Kartoffel-Sotto auf Teller verteilen, jeweils 1 Ei daraufsetzen und den Spinat darum herumverteilen.

VANILLE-TOPFEN-MOUSSE
MIT HOLUNDEREIS

4 PERSONEN

FÜR DIE MOUSSE
- 3 Blatt Gelatine
- 250 g Speisequark (Topfen)
- 80 g Puderzucker
- Mark von 1 Vanilleschote
- 200 g Sahne

FÜR DAS EIS
- 5 Eigelb
- 100 ml Milch
- 250 g Sahne
- 100 ml Holundersaft
- 150 g Zucker

Für die Mousse die Gelatine in kaltem Wasser einweichen. Den Quark mit Puderzucker und Vanillemark verrühren. Die Sahne steif schlagen. Die Gelatine tropfnass in einem kleinen Topf bei mittlerer Hitze unter Rühren auflösen. Die flüssige Gelatine unter den Quark rühren und die geschlagene Sahne unterheben. Die Mousse in vier Förmchen oder Anrichteringe füllen und zugedeckt etwa 2 Stunden kühl stellen.

Inzwischen für das Eis die Eigelbe in eine Edelstahlschüssel geben. In einem Topf Milch, Sahne, Saft und Zucker einmal aufkochen und sofort mit einem Schneebesen unter die Eigelbe rühren. Die Eigelbmasse über dem heißen Wasserbad zur Rose abziehen (siehe Foto unten links und Tipp Seite 147). Danach die Masse in der Eismaschine etwa 40 Minuten gefrieren lassen.

Zum Servieren die Mousse aus den Förmchen oder Ringen lösen und auf Teller setzen. Jeweils 1 Nocke Eis danebenlegen.

MENÜ 3

LOOKING GOOD, BABY!

Optische Highlights sind sie ja nicht gerade – die Frühlingsklassiker Käse-Lauch-Suppe, Hühnerfrikassee oder Rharbarberkuchen. Aber das Aussehen war mir bei diesen Gerichten eigentlich meistens egal. Es gab sie oft bei uns daheim. Und ich fand, dass die so was von geil schmecken – sorry, ich muss das jetzt einfach so sagen! Nur der Look, tja ... Ich finde, allmählich braucht der wirklich ein Update. Deswegen hab ich die Klassiker jetzt mal entstaubt. Die traditionellen Zutaten einem Remix unterzogen. Die Komponenten neu arrangiert. Ihnen auch farblich einen Kick verpasst. Sie wirken jetzt frischer, bunter, knackiger, finde ich. Schauen um Jahre jünger aus. Richtig zum Anbeißen. Hingucker, die in unsere Zeit passen. Weil die Zutaten aus der Region kommen. Jetzt Saison haben. Das ist mir extrem wichtig. Denn – hey! Auch die inneren Werte müssen stimmen!

VORSPEISE

Flammkuchen mit Lauch, Bergkäse und grober Bratwurst

HAUPTSPEISE

Ofen-Frikassee mit Spargel und Champignons

DESSERT

Pancakes mit Rhabarberkompott

VORSPEISE

Kalbspflanzerl mit Lauchcreme und Frühlingszwiebeln

HAUPTSPEISE

Maishähnchenbrust mit Morcheln und Spargel auf Erbsenrisotto

DESSERT

Rhabarbertarte mit Baiser und Rhabarbergel

»JE NACHDEM,
WIE ICH GERADE DRAUF BIN,
WÄHLE ICH DIE SONGS
ZUM KOCHEN AUS.
MAN IST JA NICHT JEDEN TAG
IN DER GLEICHEN STIMMUNG!«

VORSPEISE

FLAMMKUCHEN
MIT LAUCH, BERGKÄSE UND GROBER BRATWURST

1 FLAMMKUCHEN

FÜR DEN TEIG
- 200 g Mehl
- 2 EL Öl
- Salz

FÜR DEN BELAG
- 1 Stange Lauch
- 200 g Schmand
- Salz • Pfeffer aus der Mühle
- 100 g geriebener Bergkäse
- 4 rohe Bratwürste

AUSSERDEM
- Mehl für die Arbeitsfläche

Für den Teig Mehl, Öl, 100 ml Wasser und 1 Prise Salz zu einem glatten Teig verarbeiten, zu einer Kugel formen und in Frischhaltefolie gewickelt bei Zimmertemperatur etwa 10 Minuten ruhen lassen.

Inzwischen den Backofen auf 250 °C vorheizen. Ein Backblech mit Backpapier auslegen. Für den Belag den Lauch putzen, waschen und in dünne Ringe schneiden. Den Schmand glatt rühren und mit Salz und Pfeffer würzen.

Den Teig auf wenig Mehl mit dem Nudelholz hauchdünn zu einem großen Oval ausrollen und auf das Backblech setzen. Den Flammkuchen mit dem Schmand bestreichen und die Lauchringe und den Käse gleichmäßig darüberstreuen.

Die Wurstmasse aus der Wurstpelle drücken und in haselnussgroßen Portionen auf dem Flammkuchen verteilen. Den Flammkuchen im Ofen auf der mittleren Schiene etwa 5 Minuten knusprig backen. Aus dem Ofen nehmen und sofort am besten auf einem Holzbrett servieren. Dazu passt ein frischer Salat.

TIPP: Der Flammkuchen schmeckt übrigens auch superlecker mit gebratenem Antipasti-Gemüse (z. B. Zucchini, Aubergine, Paprika) belegt, etwas Basilikumpesto und Pecorinospänen. Im Sommer könnt ihr auch klein geschnittene Feigen, Taleggio und Parmaschinken nehmen und im Herbst und Winter geht nichts über einen klassischen Belag aus Birnenspalten, Walnüssen und etwas Blauschimmelkäse

OFEN-FRIKASSEE MIT SPARGEL UND CHAMPIGNONS

4 PERSONEN

- 4 Hähnchenkeulen (à 160–180 g; mit Haut)
- 3–4 EL Öl
- 10 Steinchampignons
- 4 Stangen weißer Spargel
- 2 Schalotten
- 300 g Langkornreis
- 50 ml trockener Weißwein
- 400 ml Hühnerbrühe
- 100 g Sahne
- Salz • Pfeffer aus der Mühle
- 100 g tiefgekühlte Erbsen

Die Hähnchenkeulen waschen, trocken tupfen und jeweils in Ober- und Unterkeulen teilen. In einer großen Pfanne in 1 bis 2 EL Öl rundum scharf anbraten. Vom Herd nehmen.

Den Backofen auf 180 °C vorheizen. Die Champignons putzen, falls nötig, mit Küchenpapier trocken abreiben und vierteln. Den Spargel schälen, die holzigen Enden entfernen und die Stangen in 2 cm lange Stücke schneiden. Schalotten schälen und in feine Würfel schneiden.

Die Schalotten mit dem Reis in einem ofenfesten Bräter im übrigen Öl anbraten. Mit dem Wein ablöschen und Brühe und Sahne dazugießen. Spargel, Champignons und Hähnchenkeulen dazugeben, alles mit Salz und Pfeffer würzen und mit geschlossenem Deckel im Ofen auf der mittleren Schiene 25 Minuten garen.

Den Bräter aus dem Ofen nehmen und die gefrorenen Erbsen hinzufügen, dann alles im Ofen noch 5 bis 10 Minuten weitergaren. Zum Servieren die Reismischung und Hähnchenstücke auf Teller verteilen, nach Belieben mit Petersilienblättern bestreuen.

PANCAKES
MIT RHABARBERKOMPOTT

4 PERSONEN

FÜR DAS KOMPOTT
- 2 Stangen Rhabarber
- 150 g brauner Zucker
- Mark von 1 Vanilleschote

FÜR DIE PANCAKES
- 2 Eier
- 300 ml Milch
- 1 Msp. Backpulver
- 180 g Mehl
- 30 g Butter

Für das Kompott den Rhabarber putzen, schälen und in 1 cm große Stücke schneiden. Den Rhabarber in einem Topf mit dem Zucker mischen und etwa 30 Minuten ziehen lassen.

Dann das Vanillemark hinzufügen und alles bei mittlerer Hitze unter Rühren etwa 10 Minuten garen, bis die Rhabarberstücke weich sind. Vom Herd nehmen und etwa 1 Stunde kühl stellen.

Für die Pancakes die Eier trennen und die Eiweiße steif schlagen. Die Eigelbe mit Milch, Backpulver und Mehl in einer Rührschüssel zu einem glatten Teig verrühren und den Eischnee mit einem Teigschaber vorsichtig unterheben (siehe Tipp).

In einer beschichteten Pfanne jeweils etwas Butter erhitzen. Vom Teig jeweils kleine Portionen abnehmen und darin nacheinander auf jeder Seite etwa 2 Minuten zu Pancakes ausbacken. Herausnehmen und auf Küchenpapier abtropfen lassen.

Die Pancakes mit jeweils 1 Klecks Rhabarberkompott dazwischen auf Tellern zu einem Turm aufeinanderstapeln und das restliche Kompott darum herumverteilen.

TIPP: Den steif geschlagenen Eischnee möglichst behutsam unter die Eigelbmasse heben. Dazu den Eischnee mit dem Teigschaber am besten nur mit wenigen Bewegungen unterziehen, niemals rühren, schon gar nicht mit einem elektrischen Handrührgerät. So ist garantiert, dass die Pancakes schön aufgehen!

VORSPEISE

KALBSPFLANZERL MIT LAUCHCREME UND FRÜHLINGSZWIEBELN

4 PERSONEN

FÜR DIE PFLANZERL
- 1 Schalotte
- 2 EL Butter
- 250 g Kalbshackfleisch
- ½ eingeweichtes Brötchen
- 1 Ei
- 1 EL gehackte Petersilie
- 100 g geriebener Bergkäse
- Öl zum Braten

FÜR DIE CREME
- 400 g mehligkochende Kartoffeln
- 1 Stange Lauch
- Öl
- 100 ml trockener Weißwein
- ½ l Gemüsebrühe
- 50 g Frischkäse (Doppelrahmstufe)
- Salz

AUSSERDEM
- 8 Frühlingszwiebeln
- Öl
- 100 g geriebener Parmesan

Für die Pflanzerl die Schalotte schälen, in feine Würfel schneiden und in einer Pfanne in der Butter andünsten. Dann mit den restlichen Zutaten (bis auf das Öl) mischen und aus der Masse mit angefeuchteten Händen 4 kleine Pflanzerl formen.

Für die Creme die Kartoffeln schälen, waschen und in etwa 1 cm große Würfel schneiden. Den Lauch putzen, waschen und in dünne Ringe schneiden. Kartoffeln und Lauch in einer Pfanne in wenig Öl andünsten. Mit Wein ablöschen, die Brühe dazugießen und alles offen bei mittlerer Hitze etwa 15 Minuten weich garen. Den Frischkäse hinzufügen, alles mit Salz würzen und in einem hohen Rührbecher mit dem Stabmixer zu einer feinen Creme pürieren.

Die Frühlingszwiebeln putzen, waschen und in feine Ringe schneiden. In einer Pfanne in wenig Öl andünsten, bis sie etwas Farbe angenommen haben, dann vom Herd nehmen.

Für die Käsechips den Parmesan in einer beschichteten Pfanne gleichmäßig verteilen, schmelzen und leicht braun werden lassen. Die Pfanne vom Herd nehmen und die Käseschicht gut abkühlen lassen. Dann aus der Pfanne nehmen und in mundgerechte Stücke brechen.

Zum Servieren die Pflanzerl in einer Pfanne in wenig Öl auf jeder Seite 4 bis 6 Minuten braten. Jeweils etwas Lauchcreme auf Teller verteilen und die Frühlingszwiebeln, Pflanzerl und Käsechips daraufsetzen.

MAISHÄHNCHENBRUST
MIT MORCHELN UND SPARGEL
AUF ERBSENRISOTTO

4 PERSONEN

- 4 Maishähnchenbrustfilets (à ca. 160 g; mit Haut)
- Salz • Pfeffer aus der Mühle
- 2 EL Öl
- 2 Schalotten
- 1 Knoblauchzehe
- 300 g Risottoreis
- 100 ml trockener Weißwein
- 1 l heiße Hühnerbrühe
- 100 g tiefgekühlte Erbsen
- 40 g Butter
- 100 g geriebener Parmesan
- 16 Morcheln
- 12 Stangen grüner Spargel

Den Backofen auf 80 °C vorheizen. Die Hähnchenbrustfilets waschen, trocken tupfen und rundum mit Salz und Pfeffer würzen. Das Fleisch in einem ofenfesten Bräter in 1 EL Öl anbraten und mit geschlossenem Deckel im Ofen auf der mittleren Schiene 20 Minuten garen. Herausnehmen und warm halten.

Inzwischen die Schalotten und den Knoblauch schälen, in feine Würfel schneiden und in einem Topf in 1 TL Öl andünsten. Den Reis hinzufügen und ebenfalls kurz andünsten. Den Wein dazugießen und einköcheln. So viel heiße Brühe angießen, dass der Reis bedeckt ist, dann unter häufigem Rühren einköcheln. Den Vorgang wiederholen, bis der Reis nach etwa 25 Minuten bissfest ist. Dann die Erbsen, 2 EL Butter und den Parmesan unter den Risotto rühren und alles mit Salz und Pfeffer würzen.

Inzwischen die Morcheln waschen und trocken tupfen. Den Spargel waschen, im unteren Drittel schälen und die holzigen Enden entfernen. Die Spargelstangen jeweils halbieren und mit den Morcheln in einer Pfanne in der übrigen Butter und im restlichen Öl mindestens 5 Minuten dünsten. Mit Salz würzen.

Zum Servieren die Hähnchenbrustfilets in einer Pfanne ohne Fett auf der Hautseite nochmals knusprig braten. Den Risotto auf Teller verteilen und Morcheln und Spargel daraufsetzen. Die Hähnchenbrustfilets in Streifen schneiden und darauflegen. Nach Belieben mit Petersilie garnieren.

DESSERT

RHABARBERTARTE MIT BAISER UND RHABARBERGEL

FÜR 1 TARTE

FÜR DEN BODEN
- 200 g Mehl
- 100 g kalte Butter
- 50 g Zucker
- 1 Prise Salz
- 1 Ei

FÜR DEN BELAG
- 2 Stangen Rhabarber
- 3 Eier
- 275 g Zucker
- 200 g Sahne

FÜR DAS GEL
- 300 ml Rhabarbersaft
- 100 g Zucker
- 7 g Agar-Agar

AUSSERDEM
- Mehl für die Arbeitsfläche
- 300 g getr. Hülsenfrüchte zum Blindbacken

Den Backofen auf 180 °C vorheizen. Für den Boden alle Zutaten zu einem glatten Mürbeteig verkneten, zu einer Kugel formen und in Frischhaltefolie gewickelt bei Zimmertemperatur etwa 10 Minuten ruhen lassen.

Anschließend den Teig auf wenig Mehl mit dem Nudelholz ausrollen und eine Tarteform (24 cm Durchmesser) damit auskleiden. Den Boden mit Backpapier belegen, mit Hülsenfrüchten auffüllen und im Ofen auf der mittleren Schiene etwa 15 Minuten blindbacken. Aus dem Ofen nehmen und das Backpapier mit den Hülsenfrüchten entfernen, den Ofen nicht ausschalten.

Für den Belag den Rhabarber putzen, schälen, in 1 cm große Würfel schneiden und auf dem vorgebackenen Boden verteilen. Die Eier trennen, die Eigelbe mit 150 g Zucker und Sahne gründlich verrühren und gleichmäßig über den Rhabarber gießen. Die Tarte im Ofen auf der mittleren Schiene etwa 25 Minuten fertig backen. Aus dem Ofen nehmen und abkühlen lassen.

Inzwischen für das Gel alle Zutaten einmal aufkochen, danach in einem flachen Gefäß im Kühlschrank etwa 30 Minuten fest werden lassen. Sobald die Masse fest geworden und abgekühlt ist, aus dem Gefäß lösen und in einem hohen Rührbecher mit dem Stabmixer so lange pürieren, bis ein Gel entstanden ist. Das Gel in einen Spritzbeutel mit kleiner Lochtülle füllen.

Für das Baiser die Eiweiße mit dem restlichen Zucker steif schlagen und ebenfalls in einen Spritzbeutel füllen.

Zum Servieren die Tarte in Stücke schneiden, mit dem Spritzbeutel jeweils etwas Baisermasse daraufspritzen und mit einem Flambierbrenner karamellisieren. Die Tartestücke auf Teller setzen und das Gel daneben verteilen. Nach Belieben mit Minzeblättern garnieren und mit Puderzucker bestäuben.

ROCK! MY MUSIC

THE BEST, THE BEST, THE BEST OF YOU?«

(Foo Fighters, Best of you)

„Best of you" von den Foo Fighters ist einer meiner absoluten Lieblingssongs. Weil ich auch immer versuche, beim Kochen mein Bestes zu geben. Dafür groove ich mich dann am Herd mit der passenden Musik ein. Guter Rock und ehrliche Küche haben mehr miteinander zu tun, als man denkt!

UNPLUGGED

Gitarre, Bass, Schlagzeug, gute Stimme – mehr braucht's nicht, um gute Rockmusik zu machen. Nur aus diesen vier Dingen – ich könnte auch sagen: Zutaten – entsteht eine ganze Welt. Ist das nicht irre? Eine Welt, die glücklich macht und die Fantasie anregt. Die unvergessliche Momente schenkt. Menschen miteinander verbindet. Dass aus so wenig so viel entstehen kann, begeistert mich immer wieder aufs Neue.

Ich finde auch: **Musik muss ehrlich sein.** Rockmusik – das ist für mich die ehrlichste Musik überhaupt. Am besten unplugged! Unverkünsteltes Handwerk. What you hear is what you get. Mit wenig Schnickschnack auf den Punkt gebracht. Direkt und pur.

Genauso versuche ich auch zu kochen. Ich mag keine künstlichen Sachen. Kein übertriebenes Getue mit tausend Zutaten, Gewürzen und Küchengeräten. Ehrliche Produkte, handwerklich auf den Punkt gebracht. Im idealen Fall entsteht daraus bei den Menschen, die ich damit bewirte, eine ganze Welt. Nicht nur in ihrem Kopf. Auch in der Seele.

MIT HERZ UND KANTE

Rockmusik eckt ja auch an. Hat etwas Kantiges. Ich würde sagen: Herzhaftes. Da steckt viel Energie dahinter. Jede Menge Kraft. Und diese Kraft überträgt sich beim Kochen auf mich. Wenn ich unter Hochspannung stehe, mich am Herd konzentrieren muss, helfen mir Songs dabei, fokussiert zu bleiben. Wenn ich Routinearbeiten erledige, die automatisch von der Hand gehen, höre ich am liebsten solche Songs, bei denen der Rhythmus mir den Takt vorgibt. Und sobald ich mit allem fertig bin und langsam runterkomme vom Stress, mag ich Stücke, die mich relaxen und erden.

Allzu soft darf die Musikauswahl aber nie sein! **Ich mag nix Weichgespültes**, auch nicht beim Kochen. Gute Gerichte sind wie gute Rocksongs: Sie bleiben immer bei sich. Zeigen die Zutaten so, wie sie sind. Lassen ihren ursprünglichen Geschmack erkennen. Übertünchen nichts mit künstlichen Beigaben. Sie legen einfach die Seele eines Produkts offen dar. Und gehen dadurch mitten ins Herz.

»KOCHEN, ROCKMUSIK HÖREN UND DIE SONGS LAUT MITSINGEN? MACH' ICH WAHNSINNIG GERNE. ABER NUR, WENN ICH ALLEINE IN DER KÜCHE BIN!«

IMPROVISATION

Wenn man keine Grundakkorde beherrscht, kann man kein Gitarrensolo hinlegen. Wenn man kein Virtuose am Schlagzeug ist, kann man nicht improvisieren. Auch Rockmusiker sind vor allem eines: Musiker!

Das heißt: Sie beherrschen ihr Metier. Ihr Handwerk. Ohne diese Grundlage, **ohne handwerkliche Technik, kann man nicht kreativ sein**, finde ich.

Deshalb sind mir beim Kochen die handwerklichen Basics wichtig. Deshalb mag ich auch traditionelle Gerichte so gern. Sie vermitteln ein Gespür für grundlegende Vorgänge beim Kochen. Wenn man die beherrscht, kann man frei loslegen und sich freestyle austoben. Mir fällt da ein Zitat von einem Kollegen ein. Der sagte mal: „Wenn jemand eine gute Kartoffelsuppe macht – wie muss bei dem erst die Hummersuppe schmecken?"

SOMMER

MENÜ 1

SUMMER OF LOVE

Tomaten | Mozzarella | Basilikum | Forelle | Kartoffeln | Petersilie | Zitrone | Himbeeren

MENÜ 2

SIGN O' THE TIMES

Paprika | Tomaten | Brot | Knoblauch | Kalb | Kartoffeln | Schinken | Schokolade | Kirschen

MENÜ 3

SUNSHINE REGGAE

Mediterranes Gemüse | Pasta | Brot | Tomaten | Parmesan | Rucola | Aprikosen | Teigblätter

MENÜ 1

SUMMER OF LOVE

Eine heiße Liebe war das mit dem Vanilleeis und den heißen Himbeeren bei mir nie. Auch nicht als Kind. Ich fand immer, dass da irgendetwas fehlt. Etwas, woran man ein bisserl zu knabbern hat. Vielleicht mochte ich auch deswegen die Mandeln bei der Forelle Müllerin so gern. Mir gefällt, dass die Zutaten für das Gericht so schlicht sind: Gute Kartoffeln, Petersilie, Zitrone – mehr braucht's nicht. Diese Schlichtheit gefällt mir genauso an der Caprese. Aber bitte! Die Zutaten müssen Saison haben! Es gibt keine aromatischen Tomaten im Winter. Auch kein Basilikum. Jedenfalls nicht bei uns! Da bin ich Purist. Ich mag frischen Fisch, keinen tiefgekühlten. Frisch gepflückte Tomaten schmecken unvergleichlich gut. Himbeeren auch. Die gehören für mich in den Sommer. Eine Liebe muss geradeheraus sein. Ehrlich. Direkt. Auch beim Kochen. Sie darf Ecken und Kanten haben. Aber verwässert? Nie!

VORSPEISE

Mozzarellazigarren
mit Tomatenkompott und
Basilikumpesto

HAUPTGERICHT

Forellenfilets mit
Kartoffel-Mandel-Stampf
und Gremolata

DESSERT

Himbeer-Blitzsorbet
mit Vanille-Pannacotta
und Baiserbröseln

VORSPEISE

Weißer Tomaten-Cappuccino
mit Basilikumschaum,
Salsa und Burrata

HAUPTGERICHT

Forellenfilets
mit Kartoffel-Petersilien-Creme
und Zitronengel

DESSERT

Sauerrahmtarte mit Vanilleerde
und Himbeersorbet

Frische
Beeren

MOZZARELLAZIGARREN MIT TOMATENKOMPOTT UND BASILIKUMPESTO

4 PERSONEN

FÜR DAS KOMPOTT
- 8 Strauchtomaten
- 2 Schalotten
- 1 Knoblauchzehe
- 2 EL Öl • 50 g Zucker
- 20 ml Balsamico bianco
- Salz • Pfeffer aus der Mühle

FÜR DAS PESTO
- 1 Bund Basilikum
- 1 Knoblauchzehe
- 100 ml Olivenöl
- 40 g geröstete Pinienkerne
- 50 g geriebener Parmesan

FÜR DIE ZIGARREN
- 2 Kugeln Büffelmozzarella
- 4 getrocknete Tomaten (in Öl)
- 6 Blätter Basilikum
- Salz • Pfeffer aus der Mühle
- 8 Blätter Filoteig (aus dem Kühlregal; 20 × 20 cm)
- 3 EL Öl

Für das Kompott die Tomaten kreuzweise einritzen und in kochendem Wasser 15 Sekunden blanchieren. Danach kalt abschrecken, häuten und in Würfel schneiden, dabei Stielansätze und Kerne entfernen. Schalotten und Knoblauch schälen, in feine Würfel schneiden und in einer Pfanne im Öl andünsten. Die Tomaten hinzufügen, mit Zucker bestreuen und karamellisieren. Alles mit Essig, Salz und Pfeffer würzen und kompottartig einkochen lassen. Beiseitestellen.

Für das Pesto den Basilikum waschen, trocken schütteln und die Blätter abzupfen. Den Knoblauch schälen und grob hacken. Basilikum, Knoblauch, Olivenöl, Pinienkerne und Parmesan im Mörser fein zermahlen oder in einem hohen Rührbecher mit dem Stabmixer zu einem Pesto fein pürieren.

Für die Zigarren den Mozzarella mit den Händen oder einer Gabel zerdrücken, die getrockneten Tomaten fein hacken. Das Basilikum waschen, trocken schütteln und fein hacken. Mozzarella, Tomaten und Basilikum mischen und mit Salz und Pfeffer würzen. Je 1 Filoteigblatt ausbreiten, etwas Füllung darauf verteilen und das Blatt zigarrenförmig aufrollen.

Zum Servieren die Mozzarellazigarren in einer beschichteten Pfanne in wenig Öl knusprig braten und mit dem Tomatenkompott und dem Basilikumpesto servieren.

TOMATEN-CAPPUCCINO MIT BASILIKUMSCHAUM, SALSA UND BURRATA

4 PERSONEN

FÜR DEN CAPPUCCINO
- 2 kg Fleischtomaten
- 2 Schalotten
- 1 Knoblauchzehe
- 2 EL Öl
- 80 ml trockener Weißwein
- 200 g Sahne
- Salz • Pfeffer aus der Mühle

FÜR DIE SALSA
- 5 Strauchtomaten
- 1 Schalotte
- ½ Knoblauchzehe
- 40 ml Olivenöl
- Zucker
- Salz • Pfeffer aus der Mühle

FÜR DEN SCHAUM
- ½ Bund Basilikum
- 100 ml Milch
- Salz
- 1 Blatt Gelatine
- 250 g Sahne

AUSSERDEM
- 300 g Burrata (Mozzarella mit cremigem Kern; ersatzweise Büffelmozzarella)
- Sahnesiphon mit 2 Gaspatronen

Am Vortag für den Cappuccino die Tomaten waschen und vierteln, dabei die Stielansätze entfernen. In einem Mixer pürieren und am besten über Nacht in einem mit einem Mulltuch ausgelegten Sieb abtropfen lassen. Die gewonnene klare Flüssigkeit bildet die Basis, die Essenz, für den Cappuccino.

Am nächsten Tag Schalotten und Knoblauch schälen, in feine Würfel schneiden und in einem Topf im Öl andünsten. Den Wein dazugießen und auf die Hälfte einkochen lassen. Die Tomatenessenz hinzufügen und wiederum auf die Hälfte reduzieren. Dann die Sahne dazugeben und um ein Drittel einkochen lassen. Den Cappuccino mit dem Stabmixer fein pürieren und mit Salz und Pfeffer würzen.

Für die Salsa die Tomaten kreuzweise einritzen und in kochendem Wasser 15 Sekunden blanchieren. Danach kalt abschrecken, häuten und in Würfel schneiden, dabei Stielansätze und Kerne entfernen. Schalotte und Knoblauch schälen, in feine Würfel schneiden und zu den Tomaten geben. Das Olivenöl hinzufügen und die Salsa mit Zucker, Salz und Pfeffer würzen.

Für den Schaum das Basilikum waschen, trocken schütteln und die Blätter abzupfen. Mit der Milch in einem hohen Rührbecher mit dem Stabmixer fein pürieren und mit Salz würzen. Die Gelatine in etwas kaltem Wasser einweichen. Die Sahne kurz erwärmen, die Gelatine ausdrücken und in der heißen Sahne auflösen. Mit der Basilikummilch mischen und in einen Sahnesiphon füllen (alternativ die Milch mit dem Stabmixer schaumig aufschlagen).

Zum Servieren den Cappuccino in Gläser füllen und jeweils etwas Schaum vorsichtig darübersprühen. Die Salsa daneben auf einen Teller verteilen, die Burrata grob zerteilen und auf die Salsa setzen. Nach Belieben mit Basilikumblättern garnieren.

MOZZARELLAZIGARREN
MIT TOMATENKOMPOTT
UND BASILIKUMPESTO

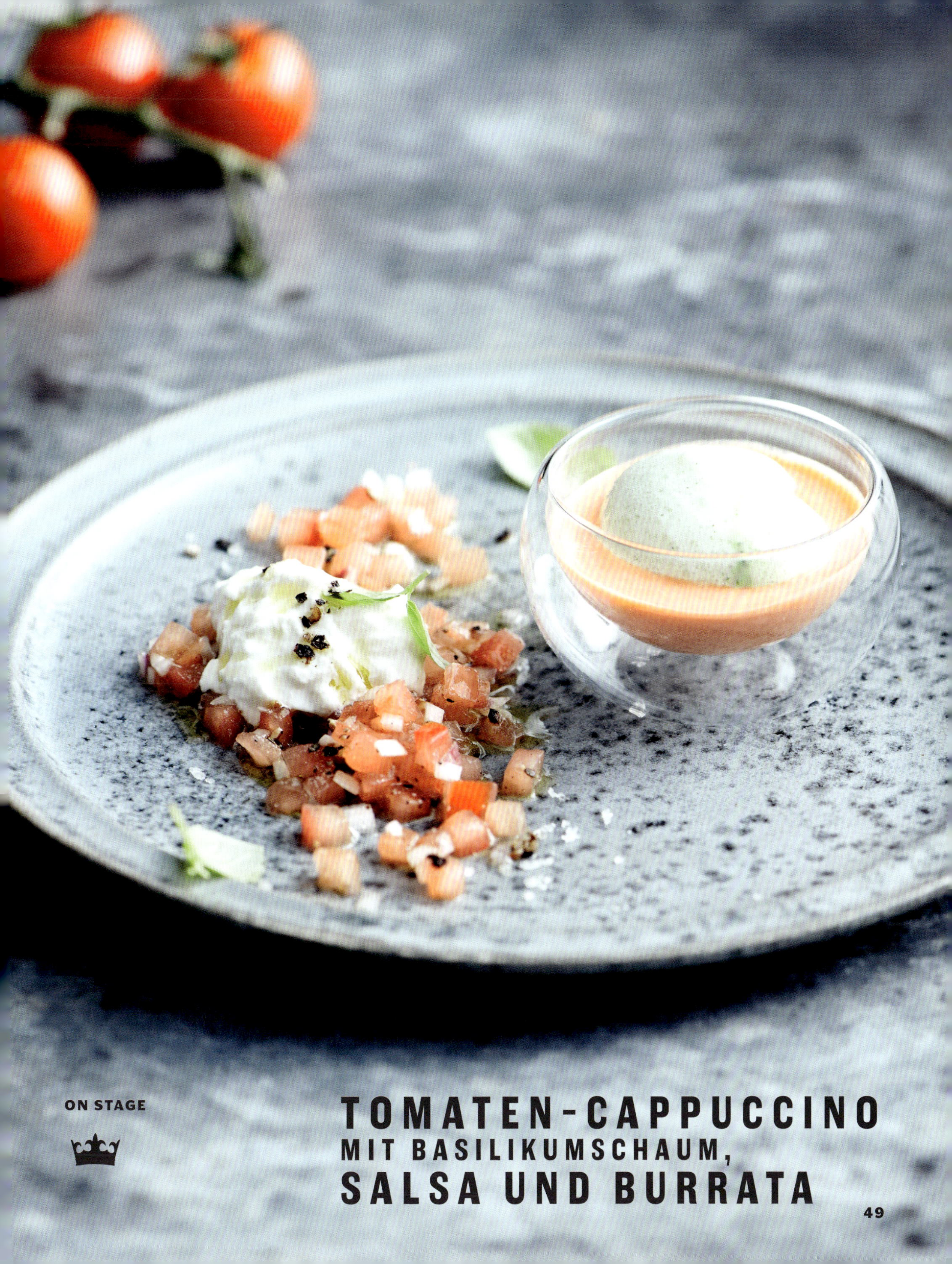

TOMATEN-CAPPUCCINO
MIT BASILIKUMSCHAUM,
SALSA UND BURRATA

HAUPTGERICHT

FORELLENFILETS MIT KARTOFFEL-MANDEL-STAMPF UND GREMOLATA

4 PERSONEN

FÜR DEN STAMPF
- 400 g mehligkochende Kartoffeln • Salz
- 80 g Mandelblättchen
- 50 g Butter
- 150 ml Milch
- Pfeffer aus der Mühle
- frisch geriebene Muskatnuss

FÜR DIE GREMOLATA
- 1 Bund Petersilie
- 1 Knoblauchzehe
- abgeriebene Schale von 1 Bio-Zitrone
- 80 ml Olivenöl • Salz

AUSSERDEM
- 4 Forellenfilets (à ca. 130 g; mit Haut)
- Salz • Pfeffer aus der Mühle
- 2 EL Öl

Für den Stampf die Kartoffeln schälen, waschen, vierteln und in Salzwasser weich garen. Danach die Kartoffeln abgießen und kurz ausdampfen lassen. Inzwischen die Mandelblättchen in einem Topf in der Butter anrösten. Mit der Milch aufgießen und mit Salz, Pfeffer und Muskatnuss würzen. Die Kartoffeln dazugeben und alles zerstampfen, warm halten.

Für die Gremolata die Petersilie waschen, trocken tupfen, die Blätter abzupfen und fein hacken. Den Knoblauch schälen und in eine kleine Schüssel pressen. Petersilie, Zitronenschale, Olivenöl und 1 Prise Salz dazugeben und alles gründlich mischen.

Die Forellenfilets waschen, trocken tupfen und auf der Fleischseite mit Salz und Pfeffer würzen. In einer beschichteten Pfanne das Öl erhitzen und die Filets darin bei mittlerer Hitze nur auf der Hautseite 4 bis 5 Minuten knusprig braten.

Zum Servieren jeweils etwas Stampf auf Teller verteilen und die gerösteten Mandeln darüberstreuen. Die Forellenfilets daneben anrichten und mit der Gremolata garnieren.

FORELLENFILETS MIT KARTOFFEL-PETERSILIEN-CREME UND ZITRONENGEL

4 PERSONEN

FÜR DIE CREME
- 400 g mehligkochende Kartoffeln
- Salz
- 200 ml Milch
- 50 g Butter
- frisch geriebene Muskatnuss
- ½ Bund Petersilie

FÜR DAS GEL
- 80 ml frisch gepresster Zitronensaft
- 1 Prise Salz
- 20 g Zucker
- 5 g Agar-Agar

FÜR DIE BRÖSEL
- 50 g Butter
- 80 g Mandelblättchen
- 2 EL Panko (asiat. Paniermehl)
- Fleur de Sel

FÜR DEN FISCH
- 4 Forellenfilets (à ca. 120–140 g)
- 2 Zweige Thymian
- 100 ml trockener Weißwein
- 200 ml Fischfond
- 40 ml Pernod
- 2 Lorbeerblätter

Für die Creme die Kartoffeln schälen, waschen, vierteln und in Salzwasser weich garen. Abgießen, ausdampfen lassen und zweimal durch die Kartoffelpresse drücken. Die Milch mit Butter, Salz und Muskatnuss erwärmen. Die Petersilie waschen, trocken tupfen, die Blätter abzupfen und fein hacken. Petersilie und Milch zu den Kartoffeln geben und alles zu einer glatten Creme rühren, warm halten.

Für das Gel alle Zutaten in einem Topf mit 120 ml Wasser einmal aufkochen, danach in einem flachen Gefäß im Kühlschrank 30 Minuten fest werden lassen. Die fest gewordene Masse aus dem Gefäß lösen und in einem hohen Rührbecher mit dem Stabmixer so lange pürieren, bis ein Gel entstanden ist. Das Gel in einen Spritzbeutel mit kleiner Lochtülle füllen.

Für die Brösel die Butter in einer Pfanne aufschäumen lassen und die Mandelblättchen darin rösten. Den Panko dazugeben und ebenfalls kurz mitrösten. Danach alles auf Küchenpapier abtropfen lassen und mit Fleur de Sel bestreuen.

Für den Fisch die Filets waschen und trocken tupfen. Den Thymian waschen. In einem Topf Wein, Fond und Pernod mit den Thymianzweigen einmal aufkochen, dann vom Herd nehmen. Die Filets im Würzsud in der Nachhitze 5 bis 7 Minuten gar ziehen lassen.

Zum Servieren jeweils etwas Creme auf Teller verteilen, ein Forellenfilet danebenlegen und mit den Bröseln bestreuen. Das Gel in Tupfen danebensetzen und alles nach Belieben mit Petersilienblättern garnieren.

FORELLENFILET
MIT KARTOFFEL-MANDEL-STAMPF
UND GREMOLATA

FORELLENFILET
MIT KARTOFFEL-PETERSILIEN-CREME
UND ZITRONENGEL

HIMBEER-BLITZSORBET MIT VANILLE-PANNACOTTA UND BAISERBRÖSELN

4 PERSONEN

- 3 Blatt Gelatine
- 400 g Sahne
- 100 g Zucker
- Mark von 1 Vanilleschote
- 100 g Baiser-Kekse (Meringen)
- 300 g tiefgekühlte Himbeeren
- 200 ml Läuterzucker (siehe Tipp)

Die Gelatine in kaltem Wasser einweichen. Die Sahne in einem Topf mit dem Zucker und dem Vanillemark mischen und einmal aufkochen. Die Gelatine ausdrücken und in der Sahne auflösen. Die Masse auf vier Gläser verteilen und im Kühlschrank 1 Stunde fest werden lassen.

Inzwischen den Backofen auf 150 °C vorheizen. Ein Backblech mit Backpapier auslegen. Die Baiser-Kekse auf dem Blech verteilen und im Ofen auf der mittleren Schiene 8 Minuten erwärmen. Bis zur Verwendung im ausgeschalteten Ofen warm halten.

Für das Blitzsorbet die tiefgekühlten Himbeeren und den Läuterzucker im Küchenmixer zu einem cremigen Sorbet pürieren. Zum Servieren jeweils 1 Nocke Sorbet auf je 1 Pannacotta setzen und die Kekse noch warm darüberbröseln.

TIPP: Läuterzucker kann man ganz einfach selbst machen: 100 ml Wasser und 100 g Zucker einmal aufkochen, vom Herd nehmen und abkühlen lassen – fertig!

SAUERRAHMTARTE MIT VANILLEERDE UND HIMBEERSORBET

1 TARTE

FÜR DEN TEIG
- 200 g Mehl
- 100 g kalte Butter
- 50 g Zucker
- 1 Prise Salz
- 1 Ei

FÜR DIE ERDE
- 100 g Mehl
- 70 g weiche Butter
- 60 g Vanillezucker

FÜR DIE FÜLLUNG
- 400 g saure Sahne (Sauerrahm)
- 100 g Zucker
- Mark von 1 Vanilleschote
- 13 g Agar-Agar
- 100 g Sahne

FÜR DAS SORBET
- 300 g Himbeeren
- 50 g Puderzucker
- 100 g Glukosesirup (Onlinehandel)

AUSSERDEM
- Butter und Mehl für die Form
- Mehl für die Arbeitsfläche
- 300 g getr. Hülsenfrüchte zum Blindbacken
- 100 g brauner Zucker

Für den Teig alle Zutaten glatt verkneten, Teig in Frischhaltefolie wickeln und bei Zimmertemperatur 10 Minuten ruhen lassen.

Den Backofen auf 180 °C vorheizen. Die Form mit Butter einfetten und leicht mit Mehl bestäuben. Den Teig auf wenig Mehl mit dem Nudelholz dünn ausrollen und eine Tarteform (28 cm Durchmesser) damit auskleiden. Den Boden mit Backpapier belegen, mit Hülsenfrüchten auffüllen und im Ofen auf der mittleren Schiene 20 Minuten blindbacken. Aus dem Ofen nehmen und das Backpapier mit den Hülsenfrüchten entfernen, Ofen nicht ausschalten.

Für die Vanilleerde ein Backblech mit Backpapier auslegen. Alle Zutaten zwischen den Handflächen zerbröseln und auf dem Blech verteilen. Im Ofen auf der mittleren Schiene etwa 15 Minuten knusprig backen. Herausnehmen und abkühlen lassen, dann im Mörser fein zermahlen.

Für die Füllung die saure Sahne mit Zucker und Vanillemark so lange verrühren, bis sich der Zucker vollständig aufgelöst hat. Das Agar-Agar in einem Topf mit der Sahne verrühren und unter Rühren einmal kurz aufkochen, dann zügig unter die Saure-Sahne-Mischung rühren. Die Füllung auf dem vorgebackenen Tarteboden verteilen und im Kühlschrank 2 Stunden fest werden lassen.

Inzwischen für das Sorbet die Himbeeren verlesen, waschen, trocken tupfen und mit dem Puderzucker in einem hohen Rührbecher mit dem Stabmixer pürieren. Durch ein feines Sieb streichen, um die Kerne zu entfernen. Die Glukose in einem Topf bei schwacher Hitze kurz erwärmen, damit sie flüssiger wird, und das Himbeermark unterrühren. Die Masse gut abkühlen lassen und in der Eismaschine etwa 40 Minuten gefrieren lassen.

Zum Servieren die Tarte in Stücke schneiden. Jedes Tartestück mit etwas Zucker bestreuen und mit einem Flambierbrenner karamellisieren. Das Sorbet auf der Vanilleerde danebensetzen (siehe Foto links).

MENÜ 2

SIGN O' THE TIMES

Klassiker waren mal Zeitgeist pur: Cordon bleu, Gazpacho oder Schwarzwälder Kirschtorte – als die zum ersten Mal auf die Teller kamen, waren sie bestimmt der letzte Schrei. Sie sind ja zeitlos gut. Aber eben nicht immer. Auch Klassiker haben ihre ureigene Zeit. Weil die Zutaten dafür nur zu bestimmten Zeiten wirklich gut schmecken. Weil die Zubereitung zur Jahreszeit passen muss. Kirschen sind nur im Sommer bei uns knackig und süß. Perfekt für die warme Jahreszeit ist auch kurzgebratenes Fleisch. Und das Gemüse für die Gazpacho kommt für mich idealerweise aus dem eigenen Garten. Regional und saisonal – das sind für mich die Zeichen der Zeit. Die stehen auf Leichtes, Unkompliziertes. Deshalb gibt's bei mir keine hammerschwere Torte, keine fetttriefende Panade. Sondern verspielte Ideen: gerollt, gegrillt, getoppt. Locker vom Hocker. Sommerfeeling pur!

VORSPEISE
Knoblauchbrot mit Tomaten, Gurkenjoghurt und Grillpaprika

HAUPTGERICHT
Kalbslendchen im Serrano-Mantel mit Rösti und Tomatenragout

DESSERT
Schoko-Kirsch-Muffins mit Frischkäsetopping

VORSPEISE
Paprika-Crème-brûlée mit Salsa, Aioli und Weißbrotknusper

HAUPTGERICHT
Kalbsrouladen im Panko-Mantel mit Tomaten und Kartoffel-Zitronen-Püree

DESSERT
Grießschnitten auf Schokoknusper mit Kirsch-Duett

VORSPEISE

KNOBLAUCHBROT MIT TOMATEN, GURKENJOGHURT UND GRILLPAPRIKA

4 PERSONEN

- 8 Scheiben Baguette
- 7 EL Olivenöl
- 1 Knoblauchzehe
- 2 rote Paprikaschoten
- Salz • Pfeffer aus der Mühle
- 2 Ochsenherztomaten
- ½ Bund Schnittlauch (in Röllchen)
- Zucker
- ½ Salatgurke
- 150 g Naturjoghurt

Den Backofen auf 180 °C vorheizen. Die Baguettescheiben nebeneinander auf ein Backblech legen und mit 2 EL Olivenöl beträufeln. Im Ofen auf der mittleren Schiene 5 Minuten goldgelb rösten. Herausnehmen und sofort mit der halbierten Knoblauchzehe einreiben.

Die Paprikaschoten längs halbieren, entkernen und waschen. Die Hälften mit dem Sparschäler schälen, in 2 cm breite Streifen schneiden und mit 1 EL Olivenöl bestreichen. Eine Grillpfanne erhitzen und die Paprika darin rundum etwa 5 Minuten braten. Herausnehmen, in einer Schüssel mit Salz, Pfeffer und 2 EL Olivenöl mischen und abkühlen lassen.

Die Tomaten waschen und auf der Gemüsereibe in eine Schüssel raspeln, dabei die Stielansätze entfernen. Mit dem übrigen Olivenöl und dem Schnittlauch mischen und mit etwas Zucker, Salz und Pfeffer würzen.

Die Gurke waschen, längs halbieren und die Kerne mit einem Teelöffel entfernen. Die Hälften in ½ cm große Würfel schneiden und mit dem Joghurt mischen, mit Salz und Pfeffer würzen.

Zum Servieren die Brotscheiben auf Teller verteilen und mit den geriebenen Tomaten bestreichen. Jeweils 2 bis 3 Paprikastreifen darauflegen, mit etwas Gurkenjoghurt beträufeln und mit 1 Prise Pfeffer bestreuen.

PAPRIKA-CRÈME-BRÛLÉE MIT SALSA,
AIOLI UND WEISSBROTKNUSPER

4 PERSONEN

FÜR DIE CRÈME BRÛLÉE
- 3 rote Paprikaschoten
- 100 ml Milch
- 200 g Sahne
- 2 EL Himbeeressig
- Salz • Pfeffer aus der Mühle
- 5 Eigelb
- brauner Zucker zum Karamellisieren

FÜR DIE SALSA
- 2 Strauchtomaten
- ⅓ Salatgurke
- ½ Bund Schnittlauch (in Röllchen)
- 1 TL Balsamico bianco
- 1 EL Olivenöl
- Salz • Pfeffer aus der Mühle
- Zucker

FÜR DIE AIOLI
- Saft von ½ Limette
- 80 ml Milch
- 200 ml Öl
- 1 Knoblauchzehe
- Salz

FÜR DEN KNUSPER
- 1 altbackenes Brötchen (vom Vortag)
- 3 EL Olivenöl
- Fleur de Sel

Für die Crème brûlée den Backofen auf 110 °C vorheizen. Die Paprika längs halbieren, entkernen, waschen und in mittelgroße Stücke schneiden. In einem Dampftopf oder in einem Topf mit wenig Wasser weich garen. Danach in ein Sieb abgießen und gut abtropfen lassen. Die Paprika mit Milch und Sahne in einem hohen Rührbecher mit dem Stabmixer glatt pürieren. Mit Essig, Salz und Pfeffer würzen, die Eigelbe dazugeben und gründlich untermixen.

Die Masse in vier flache, ofenfeste Förmchen verteilen und nebeneinander auf ein tiefes Backblech stellen. Das Blech in den Ofen auf die mittlere Schiene schieben und wenig Wasser neben die Förmchen dazugießen. Die Crème brûlée im Ofen 40 bis 50 Minuten stocken lassen. Herausnehmen, abkühlen lassen und sofort kühl stellen.

Inzwischen für die Salsa die Tomaten waschen und in feine Würfel schneiden, dabei die Stielansätze entfernen. Die Gurke waschen, längs halbieren und die Kerne mit einem Teelöffel entfernen. Die Hälften in feine Würfel schneiden. Tomaten, Gurke, Schnittlauch, Essig und Öl mischen, mit Salz, Pfeffer und Zucker würzen und etwas ziehen lassen.

Für die Aioli Limettensaft, Milch, Öl, geschälte Knoblauchzehe und 1 Prise Salz mit dem Stabmixer cremig pürieren.

Für den Knusper das Brötchen grob reiben und in einer Pfanne im Olivenöl goldgelb braten, mit 1 Prise Fleur de Sel würzen.

Zum Servieren die abgekühlten Crèmes brûlées mit dem braunen Zucker dünn bestreuen und mit einem Flambierbrenner karamellisieren. Crème brûlée in den Förmchen auf Teller oder Bretter stellen und die Salsa mit Hilfe eines Anrichterings danebensetzen. Die Aioli als Klecks daneben anrichten und den Weißbrotknusper darüberstreuen.

KNOBLAUCHBROT
MIT TOMATE, GURKENJOGHURT
UND GRILLPAPRIKA

PAPRIKA-CRÈME-BRÛLÉE MIT SALSA,
AIOLI UND WEISSBROTKNUSPER

KALBSLENDCHEN IM SERRANO-MANTEL MIT RÖSTI UND TOMATENRAGOUT

4 PERSONEN

- 400 g Cocktailtomaten
- 2 Schalotten
- 1 Knoblauch
- 1 EL Olivenöl
- Salz • Pfeffer aus der Mühle
- 400 g nicht ganz durchgegarte festkochende Kartoffeln (vom Vortag)
- 100 g Parmesanspäne
- 2 EL Butterschmalz
- 8 Stück Kalbslende (à ca. 100 g)
- 8 Scheiben Serrano-Schinken
- 2 EL Öl
- 2 EL Butter

Für das Ragout die Tomaten waschen und vierteln. Schalotten und Knoblauch schälen und in feine Würfel schneiden. Schalotten und Knoblauch in einer Pfanne im Olivenöl andünsten, die Tomaten dazugeben und mit Salz und Pfeffer würzen. Alles offen bei schwacher Hitze 5 bis 8 Minuten köcheln. Vom Herd nehmen und warm halten.

Inzwischen für die Rösti die Kartoffeln pellen und grob raspeln. In einer Schüssel mit dem Parmesan mischen, mit Salz und Pfeffer würzen. Das Butterschmalz in einer Pfanne erhitzen. Aus der Kartoffel-Käse-Masse 8 Portionen abnehmen, in die Pfanne geben (jedes Rösti ist etwa 1 cm hoch) und auf jeder Seite 3 bis 4 Minuten goldgelb ausbacken. Dann herausnehmen und auf Küchenpapier abtropfen lassen.

Die Lendchen jeweils mit 1 Serrano-Scheibe umwickeln und in einer Pfanne im heißen Öl auf jeder Seite 1 bis 2 Minuten braten. Danach die Butter hinzufügen. Die Pfanne vom Herd nehmen und die Lendchen in der Nachhitze noch 4 Minuten ziehen lassen, dabei immer wieder mit der Butter übergießen.

Zum Servieren das Tomatenragout auf Teller verteilen und jeweils 2 Rösti danebenlegen. Darauf je 2 Lendchen im Serrano-Mantel anrichten.

Meine Tracklist Sommer
The Gaslight Anthem - Handwritten
Papa Roach - To be loved
Royal Republic - Underwear
Foo Fighters - Best of you
Biffy Clyro - Boooom, Blast & Ruin
Beatsteaks - Let me in
Bad Religion - Punk Rock Song

KALBSROULADEN IM PANKO-MANTEL MIT TOMATEN UND ZITRONENPÜREE

4 PERSONEN

- 4 Kalbsschnitzel (à ca. 160 g; aus der Lende)
- Salz • Pfeffer aus der Mühle
- 8 Scheiben geräucherter Schinken
- 300 g Bergkäse (in Scheiben)
- 3 EL Mehl
- 200 g Panko (asiat. Paniermehl)
- 3 Eier
- 150 ml Öl
- 800 g mehligkochende Kartoffeln
- ¼ l Milch
- abgeriebene Schale und Saft von 2 Bio-Zitronen
- 10 Strauchtomaten
- 2 Schalotten
- 2 EL Olivenöl
- 2 EL Zucker
- 4 EL Balsamico bianco

Die Schnitzel zwischen zwei Lagen Frischhaltefolie mit einem Plattiereisen etwa ½ cm dünn klopfen und mit Salz und Pfeffer würzen. Jedes Schnitzel mit 2 Schinkenscheiben und 75 g Käse belegen. Die Seiten der Schnitzel einklappen und die Schnitzel zu Rouladen aufrollen, nach Belieben mit Rouladennadeln fixieren.

Den Backofen auf 180 °C vorheizen. Mehl und Panko jeweils in tiefe Teller geben. Die Eier in einem tiefen Teller verquirlen. Die Rouladen zunächst im Mehl wenden. Dann durch die verquirlten Eier ziehen und zuletzt im Panko wenden. Die Rouladen nochmals in derselben Reihenfolge panieren, dann in einer hohen Pfanne im Öl rundum knusprig und goldgelb ausbacken. Anschließend in eine ofenfeste Form setzen und im Ofen auf der mittleren Schiene noch 15 Minuten garen. Herausnehmen und warm halten.

Inzwischen die Kartoffeln schälen, waschen, vierteln und in etwas Salzwasser weich garen. In ein Sieb abgießen, ausdampfen lassen und durch die Kartoffelpresse drücken. Die Milch mit Zitronenschale und etwas Salz aufkochen und über die Kartoffeln gießen. Zitronensaft dazugeben und alles zu einem glatten Püree verrühren, warm halten.

Für das Kompott die Tomaten waschen und in feine Würfel schneiden, dabei die Stielansätze und Kerne entfernen. Die Schalotten schälen, in feine Würfel schneiden und in einem Topf im Olivenöl andünsten. Die Tomaten hinzufügen, mit Zucker, Salz und Pfeffer würzen und mit dem Essig ablöschen. Alles offen bei mittlerer Hitze etwa 5 Minuten marmeladenartig einkochen lassen.

Zum Servieren jeweils etwas Püree auf Teller geben und mit einem Löffel verstreichen. Die Rouladen schräg aufschneiden und die Scheiben auf dem Püree anrichten. Das Kompott daneben verteilen und alles nach Belieben mit gemischten Kräuterblättern garnieren.

KALBSLENDCHEN
IM SERRANO-MANTEL MIT RÖSTI
UND TOMATENRAGOUT

KALBSROULADEN
IM PANKO-MANTEL MIT TOMATEN UND ZITRONENPÜREE

SCHOKO-KIRSCH-MUFFINS
MIT FRISCHKÄSETOPPING

12 MUFFINS

FÜR DIE MUFFINS
- 100 g Herzkirschen
- 120 g Zartbitterschokolade (60 % Kakaogehalt)
- 2 Eier
- 200 g Zucker
- 150 g zerlassene Butter
- 100 g Mehl
- 1 TL Backpulver
- 80 g Kakaopulver
- 80 ml Milch

FÜR DAS TOPPING
- 200 g Frischkäse (Doppelrahmstufe)
- 70 g Puderzucker
- Mark von 1 Vanilleschote

AUSSERDEM
- Butter und Zucker für das Muffinblech

Den Backofen auf 180 °C (Umluft) vorheizen. Die Mulden eines 12er-Muffinblechs mit Butter fetten und mit Zucker ausstreuen.

Für die Muffins die Kirschen waschen, halbieren und entkernen. Dann die Kirschhälften nochmals vierteln. Die Schokolade fein hacken.

Die Eier mit dem Zucker schaumig schlagen und die zerlassene Butter unterrühren. Das Mehl mit Backpulver und Kakao sieben und abwechselnd mit der Milch unter die Eiermasse mischen. Zuletzt die Kirschen und die gehackte Schokolade unterziehen.

Die Mulden des Muffinsblechs jeweils zu zwei Dritteln mit Teig füllen und die Muffins im Ofen auf der mittleren Schiene etwa 18 Minuten backen. Aus dem Ofen nehmen und kurz abkühlen lassen, dann aus den Mulden lösen und vollständig abkühlen lassen.

Inzwischen für das Topping alle Zutaten gründlich verrühren und mithilfe eines Spritzbeutels mit Sterntülle dekorativ auf die Muffins spritzen. Die Muffins nach Belieben mit frischen Kirschen garnieren.

DESSERT

GRIESSSCHNITTEN AUF SCHOKOKNUSPER MIT KIRSCH-DUETT

4 PERSONEN

FÜR DEN KNUSPER
- 250 g Zartbitterschokolade (60 % Kakaogehalt)
- 100 g Cornflakes

FÜR DIE SCHNITTEN
- ½ l Milch
- 100 g Zucker
- Mark von 2 Vanilleschoten
- 120 g Hartweizengrieß

FÜR DAS KOMPOTT
- 350 g Sauerkirschen
- 70 g Zucker
- 300 ml trockener Rotwein
- 1 TL Speisestärke zum Binden

FÜR DAS BLITZEIS
- 250 g tiefgekühlte Sauerkirschen
- 100 g Puderzucker
- 250 g Naturjoghurt

Für den Knusper den Boden einer Springform (24 cm Durchmesser) mit Backpapier auslegen. Die Schokolade grob hacken und über dem heißen Wasserbad schmelzen. Die Cornflakes dazugeben und gut unterrühren. Die Schokoknuspermasse in der Form verteilen, leicht andrücken und 20 Minuten abkühlen lassen.

Inzwischen für die Schnitten die Milch mit Zucker und Vanillemark einmal aufkochen. Dann den Grieß unter Rühren dazugeben und alles so lange garen, bis ein dickflüssiger Brei entstanden ist. Den Grießbrei auf dem Schokoknusper verteilen und alles 1 Stunde kühl stellen.

Währenddessen für das Kompott die Kirschen waschen, halbieren und entkernen. Den Zucker in einem Topf leicht karamellisieren und mit dem Wein ablöschen. Sobald sich der Zucker unter Rühren vollständig aufgelöst hat, die Speisestärke mit wenig kaltem Wasser glatt rühren und die Sauce damit binden. Die Kirschen dazugeben, das Kompott vom Herd nehmen und noch etwa 30 Minuten ziehen lassen.

Für das Blitzeis Sauerkirschen, Puderzucker und Joghurt im Küchenmixer zu einem cremigen Eis pürieren. Zum Servieren den Knusper-Grieß-Kuchen in Stücke schneiden. Je 1 Stück auf einen Teller legen, einige Kompotttupfen darum herumsetzen und 1 Nocke Eis darauf anrichten.

MENÜ 3

SUNSHINE REGGAE

Ich bin ein Bayer – und hier in Bayern sagt man, wir seien die nördlichsten Italiener. Da ist was dran. Wie oft war ich mit meiner Familie schon in Italien! Penne all'arrabbiata, Pizza, Antipasti, und dann den ganzen Tag bei strahlendem Sonnenschein am Meer sein, Spaß haben ... Ich hab das immer schon geliebt. Überhaupt habe ich eine ganz enge Bindung an den Alpen-Adria-Raum. Ski fahren in Österreich! Blauer Himmel, Tiefschnee, herrlich. Und dann einen Strudel mit Vanillesauce auf der Hütte. Da fällt mir wieder meine Mama ein: Die war für mich die Strudelkönigin. Hat den Teig dafür immer selbst gemacht und hauchdünn gezogen. Ich habe ihr wahnsinnig gern dabei zugeschaut. Wenn ich heute an saftig gefüllte Obststrudel, Pasta oder Antipasti denke, geht bei mir innerlich die Sonne auf. Ganz gleich, wie ich die Zutaten variiere – ich krieg sofort gute Laune davon.

VORSPEISE

Gebratene Pizzette
mit Grillgemüse-Topping

HAUPTGERICHT

Pastatörtchen mit
Parmesanchips und
Petersilien-Rucola-Salat

DESSERT

Aprikosen-Filoteigtaschen
mit Vanille-Joghurt-Dip

VORSPEISE

Sülze vom Grillgemüse
mit Paprikacreme und Oliven-Crostini

HAUPTGERICHT

Tomaten-Tortelloni
mit Parmesanschaum und
Petersilienpesto

DESSERT

Knusprige Aprikosenlasagne
mit Vanilleeis

GEBRATENE PIZZETTE
MIT GRILLGEMÜSE-TOPPING

4 PERSONEN

FÜR DEN TEIG
- ½ Würfel Hefe (21 g)
- Salz
- ½ TL Zucker
- 20 ml Olivenöl
- 200 g Mehl

FÜR DAS TOPPING
- ½ Zucchini
- ½ Aubergine
- 1 rote Paprikaschote
- 1 rote Zwiebel
- 1 Knoblauchzehe
- 15 Kalamata-Oliven (ohne Stein)
- 1 Zweig Rosmarin
- 100 ml Öl
- Zucker
- 50 ml Balsamico bianco
- 80 ml trockener Weißwein
- 100 ml Olivenöl
- Salz • Pfeffer aus der Mühle

AUSSERDEM
- 100 ml Olivenöl zum Ausbacken

Für den Teig die Hefe in 80 ml lauwarmem Wasser auflösen. 1 Prise Salz, Zucker und Olivenöl dazugeben und alles gut verrühren. Das Mehl in eine Rührschüssel geben, die flüssige Hefemischung dazugießen und alles zu einem glatten Teig verkneten. Den Hefeteig zugedeckt an einem warmen Ort 30 Minuten gehen lassen.

Inzwischen für das Topping Zucchini und Aubergine putzen, waschen und in 1 cm große Würfel schneiden. Die Paprika längs halbieren, entkernen, waschen und ebenfalls in 1 cm große Würfel schneiden. Zwiebel und Knoblauch schälen und in feine Würfel schneiden. Die Oliven in Ringe schneiden. Den Rosmarin waschen, trocken tupfen, die Nadeln abzupfen und fein hacken.

Die Gemüsewürfel sortenweise nacheinander in einer beschichteten Grillpfanne jeweils in wenig Öl anbraten, bis sie Farbe genommen haben, anschließend in eine Schüssel geben. Dann in der Pfanne Zwiebel und Knoblauch andünsten, mit etwas Zucker bestreuen und leicht karamellisieren. Oliven und Rosmarin hinzufügen, mit Essig und Wein ablöschen und zum Gemüse geben. Das Olivenöl hinzufügen, alles mit Salz und Pfeffer würzen und etwa 10 Minuten marinieren.

Für die Pizzette den Hefeteig in 8 Portionen teilen und jede Portion zwischen den Händen zu kleinen runden Pizzen formen. Jeweils etwas Olivenöl in einer hohen Pfanne erhitzen und die Pizzette darin bei mittlerer Hitze auf jeder Seite goldgelb braten. Herausnehmen und auf Küchenpapier gut abtropfen lassen.

Zum Servieren jeweils 2 Pizzette auf Teller verteilen und mit dem Gemüse belegen. Nach Belieben mit Basilikum oder Parmesanspänen garnieren und noch lauwarm servieren.

SÜLZE VOM GRILLGEMÜSE MIT PAPRIKACREME
UND OLIVEN-CROSTINI

4 PERSONEN

FÜR DIE SÜLZE
- 4 Blatt Gelatine
- 2 rote Paprikaschoten
- ½ Zucchini
- ½ Aubergine
- 1 Zweig Rosmarin
- 2 EL Öl
- 50 ml Balsamico bianco
- 20 g Zucker
- Salz • Pfeffer aus der Mühle

FÜR DIE CREME
- 2 rote Paprikaschoten
- 1 rote Zwiebel
- Salz • Pfeffer aus der Mühle
- 50 ml Olivenöl
- 80 g Mascarpone

FÜR DIE CROSTINI
- 4 Scheiben Baguette (à ca. 30 g)
- 100 ml Olivenöl
- 1 Knoblauchzehe
- 20 Kalamata-Oliven (ohne Stein)
- Saft von ½ Zitrone
- Meersalz

Für die Sülze eine Terrinenform (20 cm Länge) mit Frischhaltefolie auslegen. Die Gelatine in kaltem Wasser einweichen. Die Paprika längs halbieren, entkernen und waschen. Zucchini und Aubergine putzen und waschen. Alle Gemüse in ½ cm breite Streifen schneiden. Rosmarin waschen, trocken tupfen, die Nadeln abzupfen und fein hacken.

Das Gemüse sortenweise nacheinander in einer Grillpfanne im Öl rundum braten, dann in die Form schichten – dabei nach Belieben erst Zucchini, dann Paprika und zuletzt Aubergine hineinlegen. In einem Topf 150 ml Wasser mit Essig, Zucker, Salz, Pfeffer und Rosmarin einmal aufkochen. Die Gelatine ausdrücken und im Würzsud auflösen. So viel Würzsud über das Gemüse gießen, bis es vollständig bedeckt ist. Die Sülze im Kühlschrank mindestens 1 Stunde fest werden lassen.

Inzwischen für die Creme den Backofen auf 180 °C vorheizen. Die Paprika längs halbieren, entkernen, waschen und in Stücke schneiden. Die Zwiebel schälen und grob schneiden. Paprika und Zwiebel auf einem Backblech verteilen, mit Salz, Pfeffer und Olivenöl mischen und im Ofen auf der mittleren Schiene 20 Minuten garen. Herausnehmen (die Ofentemperatur auf 200 °C erhöhen) und in einem hohen Rührbecher mit dem Stabmixer fein pürieren, abkühlen lassen. Das Püree mit dem Mascarpone verrühren, mit Salz und Pfeffer abschmecken.

Für die Crostini die Brotscheiben nebeneinander auf ein Backblech legen, mit wenig Olivenöl beträufeln und im Ofen auf der mittleren Schiene etwa 5 Minuten rösten. Herausnehmen und die Oberseiten mit dem halbierten Knoblauch einreiben. Die Oliven mit übrigem Olivenöl, Zitronensaft und 1 Prise Meersalz mit dem Stabmixer fein pürieren.

Zum Servieren die Olivenpaste auf die Brote streichen und die Crostini auf Teller verteilen. Die Paprikacreme danebensetzen, dazu eventuell in kleine Schälchen füllen. Die Sülze aus der Form lösen, in Scheiben schneiden und daneben anrichten. Zuletzt alles nach Belieben mit gemischten Kräuterblättern garnieren.

GEBRATENE PIZZETTE
MIT GRILLGEMÜSE-TOPPING

SÜLZE VOM GRILLGEMÜSE MIT PAPRIKACREME
UND OLIVEN-CROSTINI

PASTATÖRTCHEN MIT PARMESANCHIPS
UND PETERSILIEN-RUCOLA-SALAT

4 PERSONEN

- Butter für das Muffinblech
- 1 Thai-Chilischote
- 1 Knoblauchzehe
- 100 g passierte Tomaten (aus der Dose)
- 50 g Sahne
- 1 Ei
- Salz • Pfeffer aus der Mühle
- 200 g bissfest gegarte Spaghetti
- 6 Cocktailtomaten
- 200 g Parmesanspäne
- 2 Handvoll Rucola
- 1 Bund Petersilie
- 2 EL Olivenöl
- Saft von ½ Zitrone

Den Backofen auf 180 °C vorheizen. Vier Mulden eines Muffinsblechs mit Butter einfetten. Die Chili längs halbieren, entkernen und waschen. Den Knoblauch schälen und mit passierten Tomaten, Sahne, Chili, Ei, etwas Salz und Pfeffer in einem hohen Rührbecher mit dem Stabmixer fein pürieren. Den Mix mit den Spaghetti mischen. Die Tomaten waschen, in Würfel schneiden und mit der Hälfte des Käses ebenfalls unter die Nudeln mischen. Die Spaghetti in die vier Mulden verteilen und im Ofen auf der mittleren Schiene etwa 15 Minuten überbacken. Herausnehmen und vor dem Servieren kurz abkühlen lassen.

Inzwischen für die Chips den restlichen Parmesan in einer beschichteten Pfanne gleichmäßig verteilen, schmelzen und leicht braun werden lassen. Vom Herd nehmen, abkühlen lassen und in kleine Stücke brechen. Für den Salat den Rucola verlesen, waschen und trocken schleudern, grobe Stiele entfernen. Die Petersilie waschen, trocken tupfen, die Blätter abzupfen und grob hacken. Rucola und Petersilie in einer Schüssel mit Olivenöl, Zitronensaft und etwas Salz mischen. Zum Servieren den Salat auf Teller verteilen und jeweils 1 Pastatörtchen daraufsetzen, die Parmesanchips darüberstreuen.

TOMATEN-TORTELLONI MIT PARMESANSCHAUM UND PETERSILIENPESTO

4 PERSONEN

FÜR DEN NUDELTEIG
› 140 g Mehl
› 60 g Hartweizengrieß
› 2 Eier
› 2 EL Olivenöl

FÜR DIE FÜLLUNG
› 2 Schalotten
› 1 Knoblauchzehe
› ½ Thai-Chilischote
› 6 Fleischtomaten
› 2 EL Olivenöl
› 2 TL brauner Zucker
› Salz • Pfeffer aus der Mühle

FÜR DAS PESTO
› 1 Handvoll Rucola
› 1 Bund Petersilie
› 100 ml Olivenöl
› 30 g geröstete Cashewkerne
› 30 g geriebener Parmesan
› Salz

FÜR DEN SCHAUM
› 200 g Milch
› 100 g Sahne
› 50 ml trockener Weißwein
› Salz
› 80 g geriebener Parmesan
›

AUSSERDEM
› Mehl für die Arbeitsfläche
› Salz

Für den Nudelteig alle Zutaten zu einem glatten Teig verkneten, zu einer Kugel formen und in Frischhaltefolie gewickelt bei Zimmertemperatur 30 Minuten ruhen lassen.

Inzwischen für die Füllung Schalotten und Knoblauch schälen und in feine Würfel schneiden. Die Chilischote längs halbieren, entkernen, waschen und ebenfalls in feine Würfel schneiden. Tomaten waschen und in feine Würfel schneiden, dabei die Stielansätze und Kerne entfernen. Schalotten, Knoblauch und Chili in einer Pfanne im Olivenöl andünsten, dann mit Zucker bestreuen und leicht karamellisieren. Die Tomaten dazugeben, alles mit Salz und Pfeffer würzen und etwa 10 Minuten marmeladenartig einkochen lassen.

Den Teig auf wenig Mehl mit dem Nudelholz oder in einer Nudelmaschine zu dünnen Teigbahnen ausrollen. Aus dem Teig 16 Kreise (à 10 cm Durchmesser) ausstechen. Auf jeden Teigkreis eine walnussgroße Menge Tomatenfüllung geben, den gefüllten Teigkreis jeweils mittig zusammenklappen und zu Tortelloni formen.

Für das Pesto den Rucola verlesen, waschen und trocken schleudern, grobe Stiele entfernen. Die Petersilie waschen, trocken tupfen, die Blätter abzupfen und grob hacken. Beides mit den übrigen Zutaten in einem hohen Rührbecher mit dem Stabmixer fein pürieren.

Für den Schaum die Milch mit Sahne und Wein aufkochen und mit Salz würzen. Vom Herd nehmen und beiseitestellen.

Die Tortelloni in reichlich siedendem Salzwasser so lange garen, bis sie nach oben steigen. Mit einem Schaumlöffel herausheben und in einer Pfanne mit dem Pesto und 4 EL Nudelkochwasser mischen.

Zum Servieren die Tortelloni mit Pesto auf vorgewärmte tiefe Teller verteilen. Den Parmesan zur Milch-Sahne-Mischung geben und mit dem Stabmixer schaumig aufschlagen, den Schaum über die Pasta träufeln.

APRIKOSEN-FILOTEIGTASCHEN
MIT VANILLE-JOGHURT-DIP

4 PERSONEN

FÜR DEN DIP
- 200 g griech. Joghurt (10 % Fett)
- 1 EL Puderzucker
- Mark von 2 Vanilleschoten

FÜR DIE TASCHEN
- 200 g Aprikosen
- 2 EL Butter
- 1 EL Mandelsplitter
- 1 EL Zucker
- ½ TL Zimtpulver
- 100 ml Pfirsichsaft
- 8 Blätter Filoteig (aus dem Kühlregal)
- 50 g zerlassene Butter zum Bestreichen

AUSSERDEM
- Öl zum Braten
- Puderzucker zum Bestäuben

Für den Dip alle Zutaten in einer Schüssel gut verrühren und kühl stellen.

Für die Filoteigtaschen die Aprikosen waschen, vierteln und entsteinen. Die Viertel in 1 cm große Würfel schneiden und in einem Topf in Butter andünsten. Mandeln, Zucker und Zimt dazugeben und alles mit dem Pfirsichsaft ablöschen. Die Mischung bei schwacher Hitze so lange köcheln, bis die Flüssigkeit vollständig eingekocht ist.

Die FIloteigblätter in etwa 20 × 20 cm große Quadrate schneiden (Reste anderweitig verwenden). Jes 2 Blätter mit zerlassener Butter bestreichen und um 90° versetzt aufeinanderlegen. Je 2 bis 3 EL Aprikosenmasse in die Mitte jedes Doppelteigblatts setzen (es kann etwas Aprikosenfüllung übrig bleiben), die Seiten einklappen und die Blätter zu Taschen falten.

Die Taschen in einer beschichteten Pfanne in wenig Öl zuerst auf der Naht, dann rundum goldgelb anbraten. Herausnehmen und auf Küchenpapier abtropfen lassen, mit etwas Puderzucker bestäuben.

Zum Servieren den Dip auf Tellern verteilen. Die Taschen jeweils in 2 bis 3 Stücke schneiden und daraufsetzen. Falls noch etwas von der Füllung übrig ist, diese darum herumverteilen. Zuletzt nach Belieben alles mit Minzeblättern garnieren.

KNUSPRIGE APRIKOSENLASAGNE
MIT VANILLEEIS

4 PERSONEN

FÜR DIE LASAGNE
- 1 Packung Strudelteigblätter (ca. 120 g; aus dem Kühlregal)
- 50 g zerlassene Butter zum Bestreichen
- 30 g Puderzucker
- 200 g Aprikosen
- 2 EL Zucker
- 80 ml trockener Weißwein
- 20 ml Apricot Brandy (ersatzweise Peachtree-Likör)
- 100 ml Pfirsichsaft

FÜR DAS EIS
- 350 g Sahne
- 150 ml Milch
- 130 g Zucker
- Mark von 2 Vanilleschoten
- 5 Eigelb

Den Backofen auf 180 °C vorheizen. Ein Backblech mit Backpapier auslegen.

Für die Lasagne die Strudelblätter in 12 Streifen (à etwa 4 × 12 cm) schneiden (Reste anderweitig verwenden). Die Teigstreifen nebeneinander auf dem Blech verteilen, mit der zerlassenen Butter bestreichen und mit Puderzucker bestäuben. Ein zweites Blatt Backpapier darauflegen und mit einem zweiten Blech beschweren. Die Teigblätter im Ofen auf der mittleren Schiene etwa 10 Minuten knusprig backen. Herausnehmen und abkühlen lassen.

Für die Füllung die Aprikosen waschen, vierteln und entsteinen. Die Viertel in ½ cm kleine Würfel schneiden. Den Zucker in einem Topf karamellisieren, die Aprikosen dazugeben, Wein, Brandy und Saft dazugießen und alles offen bei schwacher Hitze 10 Minuten marmeladenartig einkochen lassen. Vom Herd nehmen und abkühlen lassen.

Inzwischen für das Eis Sahne, Milch, Zucker und Vanillemark in einem Topf erhitzen. Die Eigelbe in eine Edelstahlschüssel geben. Die Sahnemasse über die Eigelbe gießen und sofort mit einem Schneebesen gut verrühren. Alles über dem heißen Wasserbad zur Rose abziehen (siehe Foto Seite 27 und Tipp Seite 147) und anschließend in der Eismaschine etwa 40 Minuten gefrieren lassen.

Zum Servieren die Mini-Lasagnen auf Teller schichten: Dazu je 1 EL Aprikosenmasse auf die Teller geben und 1 Strudelblatt darauflegen, diesen Vorgang noch zweimal wiederholen und dabei mit der Aprikosenmasse abschließen. Jeweils 1 Nocke Eis neben jede Mini-Lasagne setzen, nach Belieben mit Minzeblättern garnieren und mit Puderzucker bestreuen.

APRIKOSEN-FILOTEIGTASCHEN
MIT VANILLE-JOGHURT-DIP

ON STAGE

KNUSPRIGE APRIKOSENLASAGNE
MIT VANILLEEIS

SOUL – MY PHILOSOPHY

COME TOGETHER

Koch – das ist für mich der schönste Beruf der Welt. Ich möchte keinen anderen haben. Er erfüllt einfach alles, was mir wichtig ist: mit guten Produkten etwas Tolles zu kreieren. Und andere damit glücklich zu machen. Wenn aus frischen, ehrlichen Produkten etwas entsteht, was Menschen zusammenbringt, geht mir das Herz auf. Gutes Essen verbindet. Bringt die Leute an einen Tisch. Beieinandersitzen, ratschen, sich austauschen, lachen und miteinander essen – das hat Seele.

FEELS LIKE HOME

Ich habe so frohe Erinnerungen an das Essen meiner Kindheit, dass ich gar nicht anders kann, als dieses Gefühl weiterzugeben. Nach der Schule ging ich meistens ins Eishockeytraining. Wenn dann der Papa von der Arbeit nach Hause kam, hat die Mama was Schönes gekocht. **Wir saßen jeden Abend gemeinsam am Tisch**, aßen miteinander und erzählten uns, was tagsüber so alles passiert ist. Wenn ich früher nach Hause kam, hab ich der Mama beim Kochen geholfen. Teig gerührt und solche Sachen. Das hat mir Riesenspaß gemacht.

Heute bin ich selbst Papa. Meine Frau Julia und ich haben zwei Kinder, Rosalie und Romeo. Wir sind beide selbstständig, voll eingespannt in den Beruf. Trotzdem schaffen wir es jeden Tag, mit den Kindern zusammen am Tisch zu sitzen. Das ist unser festes Ritual. Eine wertvolle gemeinsame Zeit. **Zusammen kochen, mit den Kindern essen, Zeit haben für die Familienmahlzeit** – das ist uns ganz, ganz wichtig.

SIMPLY GOOD

Was ich selbst als Bub erleben durfte, geben meine Frau und ich an die Kinder weiter. Die beiden kriegen von Anfang an mit, wie Essen entsteht. Sie wissen, dass Tomaten nicht in der Dose wachsen, dass eine Tomatensauce aus frischen Tomaten gemacht wird. Sie kennen schon viele Gemüsesorten und essen alles was wir Erwachsene auch mögen. Rosalie mochte zum Beispiel schon mit einem Jahr gerne Oliven und alle möglichen Käsesorten, auch richtig kräftige. Ich bin froh, dass die Kleinen jetzt schon so eine Freude am Kochen und Essen haben. Dass sie ein Gespür dafür kriegen, dass Kochen nicht bedeutet, eine Packung aufzureißen und ein tiefgefrorenes Ding in den Ofen zu schieben. Kochen ist etwas Schönes und sie bekommen das wie selbstverständlich mit.

»GUTE PRODUKTE SIND TEUER? DAS SAGEN OFT DIE, DIE IM SUPERMARKT BILLIGE PACKERLWURST UND ANALOGKÄSE AUFS KASSENBAND LEGEN UND DANN IHREN EINKAUFSWAGEN ZUM DICKSTEN SCHLITTEN AUF DEM PARKPLATZ STEUERN.«

REGIONAL, SAISONAL

Ich versuche, soweit wie möglich fast alle Lebensmittel aus der Region zu beziehen. Klar, geht das nicht mit allen, aber mit Gemüse, Obst, Fleisch, Milchprodukten, Eiern und Brot klappt das hervorragend. Wenn man vor Ort einkauft, orientiert man sich automatisch an den Jahreszeiten. Bekommt das, was gerade reif ist. Dann schmeckt es am besten. Wie sollen Erdbeeren, die man im Winter im Supermarkt kriegt, Geschmack haben? Und wo kommen die her? Unter welchen Bedingungen wurden sie angebaut? Solche Fragen haben mich schon immer umgetrieben. **Eine frisch gepflückte Sommertomate oder Erdbeeren vom Feld oder Kuhmilch direkt vom Bauern schmecken deutlich intensiver!** Wenn man das mit Produkten vergleicht, die von weither gekommen sind, die unreif geerntet werden und auf dem Transportweg künstlich nachreifen – dann ist doch klar, wofür man sich entscheidet! Ich gebe zu: Ich bin da kompromisslos. Aber ich meine eben: Frisch schmeckt nicht nur am besten. Es hat auch mehr Charakter.

HERBST

MENÜ 1

WILD THING

Möhren | Ingwer | Brot | Hirschrücken | Kartoffeln | Rotkohl | Birnen | Schokolade

MENÜ 2

HEARTBEATS

Kürbis | Kürbiskernöl | Curry | Steinpilze | Knödel | Zwetschgen

MENÜ 3

HEAVEN ON EARTH

Zwiebeln | Kartoffeln | Brot | Blutwurst | Äpfel

Hirschrückensteaks

mit Rotkohl-Apfel-Salat und

Kartoffelstampf

Hirschrücken

mit Rotweinsauce

und Blaukrautstrudel

DESSERT

Birnen-Crumble

mit Schokoladen-Ganache

DESSERT

Schoko-Brownies mit

Birnen-Duett und Schokoerde

Be
Different

RÖSTBROTE
MIT OFENMÖHREN UND
ORANGENCREME

4 PERSONEN

- 4 Scheiben Sauerteigbrot (ersatzweise 8 kleine Scheiben Baguette)
- 6 EL Olivenöl
- 1 Knoblauchzehe
- 300 g Möhren
- ½ TL gemahlener Koriander
- Salz • Pfeffer aus der Mühle
- 1 walnussgroßes Stück Ingwer
- 200 g Frischkäse (Doppelrahmstufe)
- abgeriebene Schale von 1 Bio-Orange
- Saft von ½ Orange

Den Backofen auf 180 °C vorheizen. Die Brotscheiben nebeneinander auf ein Backblech legen und mit 4 EL Olivenöl beträufeln. Im Ofen auf der mittleren Schiene etwa 5 Minuten rösten. Aus dem Ofen nehmen und jeweils auf einer Seite mit dem halbierten Knoblauch einreiben. Die Backofentemperatur auf 160 °C herunterschalten.

Die Möhren putzen, schälen und in 1 cm breite Stücke schneiden. In einer Schüssel mit Koriander, übrigem Olivenöl, etwas Salz und Pfeffer mischen und ebenfalls auf einem Blech verteilen. Die Möhren im Ofen auf der mittleren Schiene 30 Minuten garen. Aus dem Ofen nehmen und in einer Schüssel mit einer Gabel grob zerdrücken.

Inzwischen für die Creme den Ingwer schälen (siehe Tipp), fein reiben und mit Frischkäse, Orangenschale und -saft verrühren. Die Creme mit Salz und Pfeffer würzen.

Zum Servieren jeweils etwas Orangencreme auf den gerösteten Brotscheiben verteilen und die Ofenmöhren daraufsetzen. Nach Belieben mit gemischten Kräuterblättern garnieren.

TIPP: Ingwer lässt sich am besten mit einem Löffel schälen: Einfach mit dem Löffelrücken die Haut abschaben – dann bereiten auch die vielen Ecken und Kanten keine Probleme!

HAUPTGERICHT

HIRSCHRÜCKENSTEAKS MIT ROTKOHL-APFEL-SALAT UND KARTOFFELSTAMPF

4 PERSONEN

- ½ Rotkohl
- je 10 g Zucker und Salz zum Kneten des Kohls
- 400 g mehligkochende Kartoffeln
- Salz
- 150 ml Milch
- frisch geriebene Muskatnuss
- 50 ml Rotweinessig
- 100 ml Öl
- 1 EL Honig
- Pfeffer aus der Mühle
- 1 Apfel (z. B. Boskop)
- 4 Hirschrückensteaks (à ca. 160 g)
- je 1 Zweig Rosmarin und Thymian
- 2 EL Butter
- 1 Knoblauchzehe

Vom Kohl die äußeren Blätter entfernen, den Kohl halbieren und den harten Strunk entfernen. Die Viertel in möglichst feine Streifen schneiden (am besten auf einem Gemüsehobel) und mit Zucker und Salz so lange kneten, bis der Rotkohl weich wird und Wasser zieht. Danach noch etwa 10 Minuten stehen lassen.

Währenddessen die Kartoffeln schälen, waschen, vierteln und in Salzwasser weich garen. Die Kartoffeln abgießen und ausdampfen lassen. Die Milch erwärmen, mit etwas Salz und Muskatnuss würzen und über die Kartoffeln gießen. Alles grob zerstampfen, warm halten.

Für das Dressing Essig, 90 ml Öl, Honig, Salz und Pfeffer verrühren. Den Rotkohl gut ausdrücken und mit dem Dressing mischen. Den Apfel schälen, vierteln und entkernen. Die Viertel in feine Streifen oder Würfel schneiden und unter den Salat heben.

Den Backofen auf 100 °C vorheizen. Ein Ofengitter auf die mittlere Schiene und darunter ein Abtropfblech schieben. Die Steaks in einer Pfanne im restlichen Öl bei mittlerer Hitze rundum anbraten, auf das Ofengitter legen und im Ofen noch etwa 15 Minuten nachgaren.

Die Kräuter waschen, trocken tupfen, die Nadeln beziehungsweise Blättchen abzupfen und fein hacken. Die Butter in einer Pfanne zerlassen, den Knoblauch schälen und mit den Kräutern dazugeben. Die Steaks aus dem Ofen nehmen und in der Würzbutter noch 2 Minuten nachbraten.

Zum Servieren jeweils etwas Kartoffelstampf und Rotkohlsalat auf Tellern anrichten und die Steaks daraufsetzen. Nach Belieben noch mit etwas Würzbutter aus der Pfanne beträufeln.

BIRNEN-CRUMBLE
MIT SCHOKOLADEN-GANACHE

4 PERSONEN

FÜR DEN TEIG
- 150 g Mehl
- 80 g kalte Butter
- 50 g Zucker
- 1 Prise Salz
- 1 Ei

FÜR CRUMBLE UND BIRNEN
- 100 g weiche Butter
- 120 g Mehl
- 80 g Zucker
- 6 Williams-Christ-Birnen
- Mark von 1 Vanilleschote
- 20 ml „Willi" (Williamsbrand)

FÜR DIE GANACHE
- 100 g Zartbitterschokolade (60 % Kakaogehalt)
- 50 g Sahne
- 25 g Butter

Für den Teig alle Zutaten zu einem glatten Teig verarbeiten. Den Teig n Frischhaltefolie wickeln und bei Zimmertemperatur etwa 20 Minuten ruhen lassen.

Für die Crumble weiche Butter, Mehl und Zucker in einer Schüssel gut mischen und zwischen den Handflächen zerbröseln. Die Birnen waschen, vierteln, entkernen und in dünne Scheiben oder Würfel schneiden. Die Birnen mit Vanillemark und Brand mischen.

Für die Ganache die Schokolade klein hacken und in eine Schüssel geben. Die Sahne mit der Butter in einem Topf erhitzen, zur Schokolade gießen und diese unter Rühren schmelzen lassen. Alles zu einer glatten Creme rühren und die Ganache in einem Spritzbeutel mit feiner Lochtüller abkühlen lassen.

Den Backofen auf 180 °C (Umluft) vorheizen. Den Teig auf einem Blatt Backpapier mit dem Nudelholz dünn ausrollen und mit dem Papier auf ein Blech ziehen (alternativ vier ofenfeste Förmchen mit dem Teig auskleiden). Die marinierten Birnen darauf verteilen, mit den Crumble bedecken und im Ofen auf der mittleren Schiene 18 Minuten backen.

Den Birnen-Crumble aus dem Ofen nehmen und kurz abkühlen lassen, dann in Stücke schneiden. Noch lauwarm auf Teller verteilen (alternativ in den Förmchen servieren). Den Crumble mithilfe des Spritzbeutels mit der Ganache in feinen Linien garnieren.

SÜSSSAURE MÖHREN MIT MÖHREN-INGWER-PÜREE UND PUMPERNICKELERDE

6 PERSONEN

FÜR DIE ERDE
- 250 g Pumpernickel

FÜR DIE MÖHREN
- 3 Möhren
- 1 TL Senfkörner
- ½ TL Korianderkörner
- 1 TL Meersalz
- 2 TL Rohrzucker
- 80 ml Balsamico bianco

FÜR DAS GEL
- 300 ml Orangensaft
- 5 g Agar-Agar
- Salz
- Cayennepfeffer

FÜR DAS PÜREE
- 3 Möhren
- 1 walnussgroßes Stück Ingwer
- Salz
- 80 g Sahne
- 2 EL Butter

Für die Erde den Backofen auf 160 °C vorheizen. Den Pumpernickel grob zerbröseln, auf einem Backblech verteilen und im Ofen auf der mittleren Schiene 45 Minuten rösten. Die Brösel aus dem Ofen nehmen und abkühlen lassen.

Inzwischen die Möhren putzen, schälen und schräg in etwa 1 cm breite Scheiben schneiden. Mit 200 ml Wasser und den restlichen Zutaten für die Möhren in einem Topf offen bei mittlerer Hitze etwa 10 Minuten köcheln, bis die Flüssigkeit fast vollständig eingekocht ist. Die Möhren abkühlen lassen und kühl stellen.

Für das Gel in einem kleinen Topf Orangensaft, Agar-Agar und je 1 Prise Salz und Cayennepfeffer mit 120 ml Wasser einmal aufkochen. Dann in einem flachen Gefäß im Kühlschrank 30 Minuten fest werden lassen.

Für das Püree die Möhren putzen, schälen und in Stücke schneiden. Den Ingwer schälen und fein hacken. Beides in einem Topf in wenig Salzwasser 15 bis 20 Minuten weich garen. Abgießen, Sahne und Butter hinzufügen und alles mit dem Stabmixer fein pürieren.

Die gerösteten Pumpernickelbrösel im Küchenmixer so lange mixen, bis sie wie „Erde“ aussehen. Die fest gewordene Orangenmischung in Stücke teilen und in einem hohen Gefäß mit dem Stabmixer so lange pürieren, bis ein Gel entstanden ist. Das Orangengel in einen Spritzbeutel mit Lochtülle geben.

Zum Servieren eingelegte Möhren, Pumpernickelerde, Möhrenpüree und Orangengel auf Tellern dekorativ anrichten. Nach Belieben mit gemischten Kräuterblättern garniernen.

HIRSCHRÜCKEN
MIT ROTWEINSAUCE UND
BLAUKRAUTSTRUDEL

4 PERSONEN

FÜR DEN RÜCKEN
- 750 g Hirschrücken (am Stück)
- 2 EL Öl

FÜR DIE SAUCE
- je 1 Zweig Rosmarin und Thymian
- 20 g Zucker
- 1 TL Tomatenmark
- 200 ml trockener Rotwein
- 300 ml Wildfond (oder Gemüsebrühe)
- 3 EL kalte Butter

FÜR DIE CREME
- 400 g mehligkochende Kartoffeln
- Salz
- 200 ml Milch
- 50 g Butter
- frisch geriebene Muskatnuss
- Pfeffer aus der Mühle
- 2 EL Schnittlauchröllchen

FÜR DIE STRUDEL
- 8 Blätter Filoteig (aus dem Kühlregal)
- 400 g gegarter Rotkohl (vom Vortag)
- 3 EL Öl

Den Backofen auf 100 °C vorheizen. Ein Ofengitter auf die mittlere Schiene und darunter ein Abtropfblech schieben. Den Hirschrücken in einer Pfanne im Öl bei schwacher Hitze rundum anbraten, auf das Ofengitter legen und im Ofen 30 Minuten garen. Aus dem Ofen nehmen und warm halten.

Inzwischen für die Sauce die Kräuter waschen und trocken tupfen. Den Bratensatz in der Pfanne mit dem Zucker bestreuen und leicht karamellisieren, das Tomatenmark dazugeben und kurz mitrösten. Dann mit dem Wein ablöschen und diesen fast vollständig einkochen lassen. Den Fond dazugießen, die Kräuter hinzufügen und alles dickflüssig einkochen lassen. Danach die ganzen Kräuter wieder entfernen. Die kalte Butter in Würfeln mit einem Schneebesen unterrühren, die Sauce danach nicht mehr kochen lassen und warm halten.

Für die Creme die Kartoffeln schälen, waschen, vierteln und in Salzwasser weich garen. Inzwischen die Milch mit Butter, Muskatnuss, Salz und Pfeffer erwärmen. Sobald die Kartoffeln weich sind, abgießen, ausdampfen lassen und zweimal durch die Kartoffelpresse drücken, damit die Creme sehr fein wird. Die gewürzte Milch darübergießen, den Schnittlauch dazugeben und alles glatt verrühren.

Für die Strudel die Filoteigblätter in etwa 20 × 20 cm große Quadrate schneiden (Reste anderweitig verwenden). Je 1 Teigblatt ausbreiten, etwa 50 g Rotkohl darauf verteilen und die Blätter zu kleinen Strudeln (zigarrenförmig) aufrollen. Die Strudel in einer beschichteten Pfanne im Öl bei mittlerer Hitze vorsichtig rundum anbraten.

Zum Servieren den Hirschrücken aufschneiden, mit der Sauce auf Tellern anrichten und Kartoffelcreme und Strudel daneben verteilen.

SCHOKO-BROWNIES MIT BIRNEN-DUETT
UND SCHOKOERDE

4 PERSONEN

FÜR DIE BROWNIES
- 200 g Zartbitterschokolade (60 % Kakaogehalt)
- 250 g Butter
- 4 Eier
- 250 g Zucker
- 60 g Mehl
- ½ TL Backpulver
- 100 g Kakaopulver

FÜR DIE POCHIERTEN BIRNEN
- 3 Williams-Christ-Birnen
- 75 g Zucker
- 300 ml trockener Weißwein
- Mark von 1 Vanilleschote
- 1 Sternanis
- 1 Zimtstange

FÜR DAS BIRNENKOMPOTT
- 2 Williams-Christ-Birnen
- 40 g Zucker
- 100 ml trockener Weißwein
- Mark von 1 Vanilleschote

AUSSERDEM
- Butter und Mehl für die Form

Für die Brownies den Backofen auf 185 °C vorheizen. Eine rechteckige Backform (20 × 30 cm) mit Butter einfetten und mit Mehl ausstäuben.

Schokolade und Butter grob hacken und in einer Schüssel über dem heißen Wasserbad unter Rühren schmelzen. Die Eier mit dem Zucker in einer weiteren Schüssel mit den Quirlen des Handrührgeräts schaumig schlagen und die Schoko-Butter-Mischung esslöffelweise unterrühren. Mehl, Backpulver und Kakao mischen und unter die Schokomasse ziehen. Den Teig in die Form geben und im Ofen auf der mittleren Schiene 18 bis 20 Minuten backen. Herausnehmen und abkühlen lassen, die Backofentemperatur auf 160 °C reduzieren.

Inzwischen für die pochierten Birnen die Birnen schälen, halbieren, entkernen und jede Hälfte in 3 Spalten schneiden. Den Zucker in einem Topf leicht karamellisieren und mit dem Wein ablöschen. Die Gewürze und die Birnen hinzufügen, die Flüssigkeit soll nur noch leicht sieden. Die Birnen im Würzsud bei schwacher Hitze etwa 10 Minuten pochieren, dann vom Herd nehmen und abkühlen lassen.

Für das Kompott die Birnen schälen, halbieren, entkernen und in feine Würfel schneiden. Den Zucker in einer Pfanne leicht karamellisieren und die Birnenwürfel dazugeben. Wein und Vanillemark hinzufügen und alles etwa 5 Minuten sirupartig einkochen lassen. Nach Belieben das Kompott noch mit Speisestärke binden.

Die Ränder des Brownie-Kuchens abschneiden, in walnussgroße Stücke teilen und auf einem weiteren Blech verteilen. Im Ofen auf der mittleren Schiene nochmals 10 bis 15 Minuten backen. Aus dem Ofen nehmen und zu feiner Schokoerde zerbröseln.

Zum Servieren den übrigen Brownie-Kuchen in Quadrate schneiden und auf Teller verteilen. Mit pochierten Birnen und Birnenkompott anrichten und mit der Schokoerde bestreuen.

MENÜ 2

HEARTBEATS

Ich bin Koch aus Leidenschaft – und da schlägt mein Herz natürlich höher, wenn ich mit all den guten Dingen, die der Herbst beschert, etwas richtig Leckeres kochen kann. Oder wenn mir jemand etwas Gutes vorsetzt: Kürbiscremesuppe, Rahmschwammerl mit Semmelknödel, Zwetschgendatschi mit Sahne, zum Beispiel – da geht mir das Herz auf! Kürbisse, Steinpilze, Pfifferlinge, Zwetschgen – das sind meine Favourites unter den herbstlichen Zutaten. Die könnte ich jeden Tag auf dem Teller haben. Aber natürlich nicht auf die ewig gleiche Art. Jetzt, wo es draußen so richtig scheußlich ist, muss endlich mal wieder ein anständiger Auflauf her, dachte ich. Täusche ich mich oder stimmt es, dass heutzutage kaum jemand mehr einen Auflauf macht? Das wär schade. Denn ich finde, wenn's draußen so richtig greislich ist, gibt es kaum etwas Geileres als Auflauf, Knödel, Schmarren & Co.!

VORSPEISE

Gewürzkürbisspalten aus dem Ofen mit Kernöl-Mayo

VORSPEISE

Kürbistatar mit Kürbiskernpesto, Kürbisbrot und Curryschmand

GEWÜRZKÜRBISSPALTEN AUS DEM OFEN MIT KERNÖL-MAYO

4 PERSONEN

FÜR DEN KÜRBIS
- 1 Hokkaido-Kürbis
- ½ TL Currypulver
- ½ TL gemahlener Kreuzkümmel
- ½ TL Zimtpulver
- 2 EL Olivenöl
- Salz • Pfeffer aus der Mühle

FÜR DIE MAYO
- 50 ml Kürbiskernöl
- 1 Ei
- 1 EL Balsamico bianco
- 1 TL mittelscharfer Senf
- 200 ml Öl

Den Backofen auf 180 °C vorheizen. Ein Backblech mit Backpapier auslegen.

Den Kürbis waschen, vierteln und die Kerne mit einem Löffel entfernen. Die Kürbisviertel in Spalten schneiden, auf einem Backblech verteilen und mit Gewürzen und Olivenöl gründlich mischen. Die Kürbisspalten mit Salz und Pfeffer würzen und im Ofen auf der mittleren Schiene etwa 20 Minuten garen.

Inzwischen für die Mayo Kürbiskernöl, Ei, Essig und Senf in einem hohen Rührbecher mit dem Stabmixer verrühren, dabei das Öl nach und nach in einem dünnen Strahl einlaufen lassen.

Zum Servieren den Kürbis aus dem Ofen nehmen und auf Teller verteilen. Die Mayonnaise in kleine Schälchen füllen und daneben stellen.

FREESTYLE

HAUPTGERICHT

SEMMEL-PILZ-AUFLAUF
MIT SCHNITTLAUCHSAUCE

4 PERSONEN

FÜR DEN AUFLAUF
- 2 Schalotten
- 250 g altbackene Semmeln (Brötchen; vom Vortag)
- 100 g Steinchampignons
- 1 Bund Petersilie
- 2 EL Butter
- 200 ml Milch
- Salz • Pfeffer aus der Mühle
- 4 Eier

FÜR DIE SAUCE
- 200 g Sauerrahm (saure Sahne)
- 2 EL Schnittlauchröllchen
- abgeriebene Schale von 1 Bio-Zitrone
- Salz • Pfeffer aus der Mühle

AUSSERDEM
- Butter für die Form

Den Backofen auf 200 °C vorheizen. Eine Auflaufform mit Butter einfetten.

Für den Auflauf die Schalotten schälen und in feine Würfel schneiden. Die Semmeln in Würfel schneiden. Die Pilze putzen, falls nötig, trocken abreiben und vierteln. Die Petersilie waschen, trocken tupfen, die Blätter abzupfen und fein hacken.

Die Butter in einer Pfanne erhitzen, Schalotten und Pilze darin andünsten und zu den Semmelwürfeln geben. Die Milch mit Salz und Pfeffer würzen, einmal aufkochen und über die Semmelwürfel gießen. Alles gründlich verkneten und die Semmelmasse etwa 5 Minuten ziehen lassen, dann die Petersilie untermischen.

Die Eier trennen und die Eigelbe unter die Semmelmasse mischen. Die Eiweiße steif schlagen und zuletzt vorsichtig unter die Masse heben. Die Auflaufmasse in der Form gleichmäßig verteilen und im Ofen auf der mittleren Schiene etwa 30 Minuten backen. Herausnehmen und vor dem Servieren kurz abkühlen lassen.

Währenddessen für die Schnittlauchsauce alle Zutaten gründlich verrühren. Zum Servieren die Sauce auf Teller verteilen und jeweils 1 Portion Auflauf daraufsetzen.

TOPFENSCHMARREN
MIT ZWETSCHGENRÖSTER

4 PERSONEN

FÜR DEN RÖSTER
- 600 g Zwetschgen
- 100 g Zucker
- 1 Zimtstange
- 200 ml trockener Rotwein

FÜR DEN SCHMARREN
- 4 Eier
- Salz
- 100 g Zucker
- 200 g Speisequark
- 100 g Mehl
- 3 EL Butter

AUSSERDEM
- Puderzucker zum Bestäuben

Für den Röster die Zwetschgen waschen, halbieren und entsteinen. Den Zucker in einem Topf leicht karamellisieren. Zwetschgen und Zimt dazugeben, mit Wein ablöschen und alles 5 Minuten kompottartig einkochen lassen. Vom Herd nehmen und beiseitestellen.

Den Backofen auf 180 °C vorheizen. Inzwischen für den Schmarren die Eier trennen, die Eiweiße mit 1 Prise Salz steif schlagen. Die Eigelbe in einer Rührschüssel mit dem Zucker schaumig rühren. Den Quark untermischen und das Mehl unterrühren, zuletzt den Eischnee unterheben (siehe Tipp).

In einer ofenfesten Pfanne 2 EL Butter aufschäumen lassen und die Masse darin 2 bis 3 Minuten anbraten. Danach im Ofen auf der mittleren Schiene etwa 10 Minuten fertig garen.

Den Schmarren aus dem Ofen nehmen und mit zwei Gabeln in Stücke reißen. Mit Puderzucker bestreuen, die restliche Butter dazugeben und den Schmarrn bei mittlerer Hitze unter Rühren karamellisieren.

Zum Servieren den Schmarren auf Teller verteilen und mit Puderzucker bestreuen. Den Röster dazu reichen.

TIPP: Noch fluffiger wird die Schmarrenmasse, wenn man das Mehl vorher siebt. Dadurch hebt man automatisch mehr Luft unter die Masse und der Schmarren geht dann beim Backen schön auf.

KÜRBISTATAR MIT KÜRBISKERNÖLPESTO, KÜRBISBROT UND CURRYSCHMAND

4 PERSONEN

FÜR DAS TATAR
- 1 Hokkaido-Kürbis
- 1 TL Fenchelsamen
- 1 TL Koriandersamen
- 1 Zweig Rosmarin
- 2 Knoblauchzehen
- 4 EL Olivenöl
- 2 EL Balsamico bianco
- Salz • Pfeffer aus der Mühle

FÜR DAS BROT
- 1 Würfel Hefe (42 g)
- 1 TL Zucker
- ½ TL Salz
- 2 EL Kürbiskernöl
- 250 g Mehl
- 2 EL gehackte Kürbiskerne

FÜR DAS PESTO
- 1 Bund Petersilie
- 100 ml Öl
- 2 EL geröstete Kürbiskerne
- abgeriebene Schale von 1 Bio-Zitrone
- Salz

FÜR DEN SCHMAND
- 200 g Schmand
- 1 TL Currypulver
- ½ TL Cayennepfeffer
- Salz

Den Backofen auf 160 °C vorheizen. Ein Backblech mit Backpapier auslegen.

Für das Tatar den Kürbis waschen, vierteln und die Kerne mit einem Löffel entfernen. Die Kürbisviertel in 1 cm große Würfel schneiden und auf dem Blech verteilen. Fenchel- und Koriandersamen in einer beschichteten Pfanne ohne Fett leicht rösten und wieder herausnehmen. Den Rosmarin waschen, trocken tupfen, die Nadeln abzupfen und fein hacken. Den Knoblauch schälen und fein hacken.

Die Kürbiswürfel mit Gewürzen, Rosmarin, Knoblauch, Olivenöl, Essig, Salz und Pfeffer mischen und im Ofen auf der mittleren Schiene etwa 25 Minuten backen. Herausnehmen und abkühlen lassen, die Ofentemperatur auf 210 °C erhöhen.

Inzwischen für das Brot 200 ml lauwarmes Wasser mit Hefe, Zucker, Salz und Kernöl gut verrühren. Das Mehl und die Kürbiskerne in einer Rührschüssel mit der Hefeflüssigkeit verrühren. Alles zu einem glatten Hefeteig verkneten, dann zugedeckt an einem warmen Ort 30 Minuten gehen lassen.

Danach aus dem Teig einen Laib formen, auf ein Backblech setzen und im Ofen auf der mittleren Schiene 20 Minuten backen. Herausnehmen und abkühlen lassen, zum Servieren in Scheiben schneiden.

Währenddessen für das Pesto die Petersilie waschen, trocken tupfen und die Blätter abzupfen. Petersilie, Öl, Kürbiskerne, Zitronenschale und etwas Salz in einem hohen Rührbecher mit dem Stabmixer zu einer groben Paste pürieren. Für den Curryschmand alle Zutaten glatt rühren.

Zum Servieren das Kürbistatar mithilfe eines Anrichterings auf Teller setzen und das Pesto und den Curryschmand daneben anrichten. Das frische Brot dazu reichen und alles nach Belieben mit gemischten Kräuterblättern garnieren.

BREZNKNÖDEL AUF PILZCREME MIT PORTULAK UND STEINPILZEN

4 PERSONEN

FÜR DEN KNÖDEL
- 250 g Laugenstangen
- ¼ l Milch
- Salz • Pfeffer aus der Mühle
- frisch geriebene Muskatnuss
- 3 Eier
- 2 EL Öl

FÜR DIE CREME
- 300 g Steinpilze
- 2 EL Öl
- 100 ml trockener Weißwein
- 200 g Sahne
- Salz • Pfeffer aus der Mühle

FÜR DIE PILZE
- 300 g Steinpilze
- 2 Schalotten
- 1 Knoblauchzehe
- 1 EL Öl
- 1 EL Butter
- Salz • Pfeffer aus der Mühle
- 1 EL gehackte Petersilie

AUSSERDEM
- 100 g Portulak (ersatzweise Feldsalat)

Für den Knödel die Laugenstangen in Würfel schneiden. Die Milch mit Salz, Pfeffer und Muskatnuss würzen, einmal aufkochen und über die Laugenwürfel geben. Alles gründlich verkneten und die Eier untermischen. Die Masse der Länge nach auf einem Stück Frischhaltefolie verteilen und mithilfe der Folie zu einem Strang mit etwa 6 cm Durchmesser aufrollen. Dann in Alufolie wickeln, dabei die Enden gut verdrehen, und in reichlich siedendem Wasser etwa 20 Minuten gar ziehen lassen. Herausnehmen und abkühlen lassen.

Währenddessen für die Creme die Pilze putzen, falls nötig, trocken abreiben und klein schneiden. In einer Pfanne im Öl kräftig anbraten, mit Wein ablöschen und diesen vollständig einkochen lassen. Die Sahne hinzufügen, alles mit Salz und Pfeffer würzen und cremig einkochen lassen. Dann die Pilzmischung in einem hohen Rührbecher mit dem Stabmixer fein pürieren, warm halten.

Für die Pilze die Steinpilze putzen, falls nötig, trocken abreiben und je nach Größe kleiner schneiden. Schalotten und Knoblauch schälen und in feine Würfel schneiden. Die Pilze in einer Pfanne im Öl kräftig anbraten, dann Butter, Schalotten und Knoblauch dazugeben und einige Minuten mitbraten. Mit Salz und Pfeffer würzen und die Petersilie untermischen.

Zum Servieren den Portulak verlesen, waschen und trocken tupfen. Den Knödel aus der Folie nehmen, in Scheiben schneiden und in einer Pfanne im Öl auf jeder Seite knusprig braten. Die Pilzcreme auf Teller verteilen und die Knödelscheiben danebensetzen. Die gebratenen Pilze daneben anrichten und alles mit Portulak garnieren.

FRISCHKÄSETARTES
MIT BRÖSELMÜRBETEIG UND
ZWETSCHGENSORBET

4 PERSONEN

FÜR DEN BODEN
- 100 g Butterkekse
- 75 g Butter

FÜR DIE FÜLLUNG
- 2 Blatt Gelatine
- 400 g Frischkäse (Doppelrahmstufe)
- 80 g Puderzucker
- Mark von 1 Vanilleschote
- abgeriebene Schale von 1 Bio-Zitrone

FÜR DAS SORBET
- 400 g Zwetschgen
- 140 g Zucker
- 80 ml trockener Rotwein

FÜR DIE BRÖSEL
- 100 g Mehl
- 50 g kalte Butter (in Würfeln)
- 25 g Zucker

AUSSERDEM
- Mehl für die Arbeitsfläche

Für den Boden die Kekse in einem Gefrierbeutel mit dem Nudelholz fein zerbröseln. Die Butter in einem Topf zerlassen, vom Herd nehmen und mit den Bröseln in einer Rührschüssel gut mischen. Vier Anrichteringe (à ca. 10 cm Durchmesser) nebeneinander auf ein Arbeitsbrett stellen, jeweils ein Viertel der Bröselmischung hineingeben und gut andrücken.

Für die Füllung die Gelatine in kaltem Wasser einweichen. Den Frischkäse mit den restlichen Zutaten für die Füllung gründlich mischen. Die Gelatine tropfnass in einem Topf bei schwacher Hitze unter Rühren auflösen und sofort gleichmäßig unter die Frischkäsemasse rühren. Die Masse auf die Ringe verteilen und glatt streichen, dann die Törtchen mindestens 1 Stunde kühl stellen.

Währenddessen für das Sorbet die Zwetschgen waschen, halbieren und entsteinen. Den Zucker in einem Topf leicht karamellisieren, dann die Zwetschgen hinzufügen und mit dem Wein ablöschen. Sobald sich der Zucker aufgelöst hat, alles im Mixer oder mit dem Stabmixer fein pürieren und in der Eismaschine etwa 40 Minuten gefrieren lassen.

Den Backofen auf 180 °C vorheizen. Ein Backblech mit Backpapier auslegen. Inzwischen für die Brösel alle Zutaten zu einem Teig verkneten. Den Teig auf wenig Mehl mit dem Nudelholz etwa ½ cm dünn ausrollen, auf das Blech setzen und im Ofen auf der mittleren Schiene 15 Minuten backen. Herausnehmen, abkühlen lassen und zerbröseln.

Zum Servieren die Tartes aus den Ringen lösen und auf Teller setzen. Mit den Bröseln bestreuen und 1 Nocke Eis darauf platzieren. Zuletzt nach Belieben mit Puderzucker bestreuen.

MENÜ 3

HEAVEN ON EARTH

Himmel und Erde – das ist ein norddeutsches Gericht. Ich hab's als Kind kennengelernt und mochte es sofort. Mit Kartoffeln, Äpfeln oder Birnen. Mal mit, mal ohne Blutwurst. Manche sagen vielleicht: Igitt! Blutwurst! Aber ich mag die. Ist was Feines. Kommt meiner Philosophie nahe: dass man beim Kochen alle Teile vom Tier verwendet. Ein nachhaltiger Gedanke, den die Leute früher automatisch beherzigt haben. Sie waren arm. Mussten sparen. Heute ist das ultramodern und im Trend. Manches ist eben zeitlos gut! So wie auch die **Zwiebelsuppe**. Oder der **Scheiterhaufen**, früher traditionelle Gerichte für den Freitag. Aber die müssen ja nicht langweilig daherkommen! Zwiebeln, Äpfel, Kartoffeln sind für sich genommen erst mal alltägliche Zutaten. Aber wenn man sich freimacht von den immer gleichen Rezepten, kann man damit die aufregendsten Dinge kreieren. Und himmlisch schmeckt es auch!

VORSPEISE

Kaspressknödel
mit Zwiebelschmelze und
Schnittlauch

HAUPTSPEISE

Kartoffel-Apfel-Kas
mit Blutwurst und
Granny-Smith-Salsa

DESSERT

Vanille-Pofesen
mit karamellisierten Apfelspalten

VORSPEISE

Zwiebel-Duett:
Püree und Konfitüre mit
Obatzda-Creme

HAUPTSPEISE

Blutwurst-Apfel-Wan-Tan
mit Kartoffel-Zwiebel-Stampf
und Apfelchutney

DESSERT

Apfel-Zigarren mit Apfelkompott
und Tonkamousse

VORSPEISE

KASPRESSKNÖDEL MIT ZWIEBELSCHMELZE UND SCHNITTLAUCH

4 PERSONEN

FÜR DIE SCHMELZE
- 4 rote Zwiebeln
- 50 g Butter
- Salz

FÜR DIE KNÖDEL
- 250 g altbackene Brötchen (vom Vortag)
- 200 g Milch
- 2 Eier
- 150 g geriebener Bergkäse
- 1 EL gehackte Petersilie
- Salz • Pfeffer aus der Mühle
- Öl zum Braten

AUSSERDEM
- 2 EL Schnittlauchröllchen

Für die Schmelze die Zwiebeln schälen und in feine Würfel schneiden. Die Butter in einem Topf erhitzen und die Zwiebeln darin bei mittlerer Hitze 5 Minuten weich garen. Die Zwiebelschmelze mit Salz würzen und warm halten.

Inzwischen für die Knödel die Brötchen klein schneiden und in eine Schüssel geben. Die Milch einmal aufkochen und darübergießen. Eier, Käse und Petersilie dazugeben, alles mit Salz und Pfeffer würzen und gründlich verkneten.

Aus der Masse mit angefeuchteten Händen 8 kleine Pflanzerl formen und in einer Pfanne in wenig Öl auf jeder Seite knusprig braten.

Zum Servieren jeweils 2 Kaspressknödel auf Teller verteilen, die Zwiebelschmelze daraufgeben und alles mit Schnittlauch garnieren.

TIPP: Die Kaspressknödel könnt ihr übrigens auch einmal mit Sauerteigbrot zubereiten. Das macht das Ganze noch ein wenig würziger!

Meine Tracklist Herbst

The Cure – Lullaby
Donots – So long
KISS – Detroit Rock City
Saint Aside – Heartbeats
Wirtz – Mon amour
Rise Against – Help is on the way
Biffy Clyro – The Captain
Nirvana – Lithium

KARTOFFEL-APFEL-KAS MIT BLUTWURST UND GRANNY-SMITH-SALSA

4 PERSONEN

FÜR DEN KAS
- 400 g mehligkochende Kartoffeln
- Salz
- 1 Boskop-Apfel
- 300 g Sauerrahm (saure Sahne)
- Pfeffer aus der Mühle

FÜR DIE SALSA
- 2 Granny-Smith-Äpfel
- 1 Bund Schnittlauch
- 2 EL Öl
- Salz • Pfeffer aus der Mühle

FÜR DIE BLUTWURST
- 2 EL Mehl
- 3 EL Öl
- 12 Scheiben Blutwurst (à ca. 1 cm dick)

Für den Kas die Kartoffeln schälen, waschen und in grobe Stücke schneiden. Dann in Salzwasser weich garen, abgießen und ausdampfen lassen. Noch warm durch die Kartoffelpresse drücken und etwas abkühlen lassen. Den Apfel waschen und zur Kartoffelmasse reiben, dabei das Kerngehäuse entfernen. Zuletzt die saure Sahne untermischen und den Kas mit Salz und Pfeffer würzen.

Für die Salsa die Äpfel waschen, vierteln und entkernen. Die Viertel in feine Würfel schneiden. Den Schnittlauch waschen, trocken tupfen und in feine Röllchen schneiden. Äpfel, Schnittlauch und Öl mischen und die Salsa mit Salz und Pfeffer würzen.

Für die Blutwurst das Mehl in einen tiefen Teller geben. Das Öl in einer Pfanne erhitzen, die Blutwurstscheiben auf jeder Seite im Mehl wenden und im Öl knusprig braten. Aus der Pfanne nehmen und auf Küchenpapier abtropfen lassen.

Zum Servieren den Kartoffel-Apfel-Kas auf Teller verteilen. Jeweils etwas Salsa daraufgeben und die Blutwurst daraufsetzen. Nach Belieben mit Schnittlauchhalmen garnieren.

VANILLE-POFESEN MIT KARAMELLISIERTEN APFELSPALTEN

4 PERSONEN

FÜR DIE POFESEN
- 2 Eier
- 50 g Sahne
- 50 g Zucker
- Mark von 1 Vanilleschote
- Salz
- 4 Scheiben Brioche (à ca. 60 g; siehe Tipp)
- 80 g Butter

FÜR DIE APFELSPALTEN
- 3 Äpfel (z. B. Boskop)
- 2 EL Butter
- 50 g Zucker

AUSSERDEM
- Puderzucker zum Bestäuben

Für die Pofesen die Eier in einer flachen Schüssel mit Sahne, Zucker, Vanillemark und 1 Prise Salz verquirlen. Die Brioche-Scheiben in die Eiermilch legen.

Die Butter in einer Pfanne aufschäumen lassen, die Brioche-Scheiben kurz abtropfen lassen und in der Butter auf jeder Seite goldgelb ausbacken. Herausnehmen und auf Küchenpapier gründlich abtropfen lassen. Warm halten.

Für die Apfelspalten die Äpfel waschen, vierteln und entkernen. Die Viertel in Spalten schneiden. Die Butter in einer Pfanne zerlassen und die Apfelspalten darin andünsten. Mit dem Zucker bestreuen und leicht karamellisieren.

Zum Servieren die Pofesen auf Teller verteilen, die Apfelspalten daraufsetzen und mit Puderzucker bestäuben.

TIPP: Auch bei den Vanille-Pofesen lohnt es sich, mit den verschiedenen Brotsorten zu experimentieren. Versucht doch einmal einen Hefekuchen oder ein Baguette statt der Brioche-Scheiben!

VORSPEISE

ZWIEBEL-DUETT: PÜREE UND KONFITÜRE MIT OBATZDA-CREME

4 PERSONEN

FÜR DAS ZWIEBELPÜREE
- 3 weiße Zwiebeln
- 1 Zweig Thymian
- 2 EL Butter
- 1 EL Öl
- 100 ml trockener Weißwein
- 100 g Sahne
- Salz • Pfeffer aus der Mühle

FÜR DIE ZWIEBEL-KONFITÜRE
- 3 rote Zwiebeln
- 2 EL Öl
- 75 g Zucker
- 200 ml trockener Rotwein
- 80 ml Aceto balsamico
- Salz • Pfeffer aus der Mühle

FÜR DIE CREME
- 1 milder Camembert (80 g)
- 100 g Frischkäse (Doppelrahmstufe)
- ½ Knoblauchzehe
- 1 TL Paprikapulver (edelsüß)
- 1 Msp. gemahlener Kümmel
- Salz • Pfeffer aus der Mühle

Für das Püree die Zwiebeln schälen und in grobe Streifen schneiden. Den Thymian waschen, trocken tupfen und die Blättchen abzupfen. Butter und Öl in einer Pfanne erhitzen und die Zwiebelstreifen darin andünsten. Den Thymian hinzufügen, mit dem Wein ablöschen und die Sahne dazugießen. Die Flüssigkeit fast vollständig einkochen lassen, dann mit Salz und Pfeffer würzen und in einem hohen Rührbecher mit dem Stabmixer feincremig pürieren.

Für die Konfitüre die Zwiebeln schälen, in feine Würfel schneiden und in einem Topf im Öl andünsten. Den Zucker dazugeben und leicht karamellisieren, mit Wein und Essig ablöschen und mit Salz und Pfeffer würzen. Alles bei mittlerer Hitze etwa 10 Minuten marmeladenartig einkochen lassen.

Für die Creme den Camembert mit einer Gabel fein zerdrücken und mit dem Frischkäse verrühren. Den Knoblauch schälen und dazupressen. Den Obatzdn mit Paprika, Kümmel, Salz und Pfeffer würzen.

Zum Servieren jeweils 1 Klecks Zwiebelpüree auf Teller setzen und mit einem Löffel verteilen. Die Zwiebelkonfitüre und die Obatzda-Creme danebensetzen. Nach Belieben mit Thymian garnieren und geröstetes Brot dazu reichen.

TIPP: Sowohl das Zwiebelpüree als auch die Zwiebelkonfitüre lassen sich super schon vorher zubereiten und anschließend gut verschlossen im Kühlschrank bis zu zwei Wochen aufbewahren!

BLUTWURST-WAN-TAN
MIT KARTOFFEL-ZWIEBEL-STAMPF
UND APFELCHUTNEY

4 PERSONEN

FÜR DIE WAN-TAN
- 12 Wan-Tan-Teigblätter (aus dem Tiefkühlregal)
- 150 g Blutwurst
- 1 Granny-Smith-Apfel
- 1 EL Mehl
- 1 Eigelb
- Salz • Pfeffer aus der Mühle
- 1 verquirltes Eiweiß zum Bestreichen
- 100 ml Öl zum Braten

FÜR DEN STAMPF
- 500 g mehligkochende Kartoffeln
- Salz
- 3 Zwiebeln
- 2 EL Öl
- ¼ l Milch
- 3 EL Butter
- Pfeffer aus der Mühle
- 2 EL Schnittlauchröllchen

FÜR DAS CHUTNEY
- 2 rote Zwiebeln
- 1 walnussgroßes Stück Ingwer
- ½ Thai-Chilischote
- 3 Granny-Smith-Äpfel
- 2 EL Öl
- 100 g brauner Zucker
- 200 ml Apfelsaft
- Salz • Pfeffer aus der Mühle

Für die Wan-Tan die Teigblätter auftauen lassen (siehe Tipp). Die Blutwurst in kleine Würfel schneiden. Den Apfel waschen und vierteln. Die Viertel entkernen und in kleine Würfel schneiden. Blutwurst, Apfel, Mehl und Eigelb mischen und mit Salz und Pfeffer würzen. Jeweils etwas Blutwurst-Apfel-Füllung mittig auf 1 Teigblatt geben, die Teigränder mit dem verquirlten Eiweiß bestreichen und die Blätter jeweils diagonal zu Dreiecken falten.

Für den Stampf die Kartoffeln schälen, waschen, in grobe Stücke schneiden und in Salzwasser weich garen. Inzwischen die Zwiebeln schälen, in feine Würfel schneiden und in einer Pfanne im Öl goldgelb anbraten. Milch und Butter in einem Topf erhitzen und mit Salz und Pfeffer würzen. Die Kartoffeln abgießen, ausdampfen lassen und die heiße Milch dazugießen. Alles grob stampfen, dann Zwiebeln und Schnittlauch untermischen.

Für das Chutney Zwiebeln und Ingwer schälen und in feine Würfel schneiden. Die Chilischote längs halbieren, entkernen, waschen und in feine Würfel schneiden. Die Äpfel waschen, vierteln, entkernen und in feine Würfel schneiden. Zwiebeln, Ingwer, Chili und Äpfel im Öl andünsten und den Zucker dazugeben. Mit dem Saft ablöschen und mit Salz und Pfeffer würzen, dann etwa 10 Minuten marmeladenartig einkochen lassen.

Zum Servieren die Wan-Tan in einer Pfanne im Öl auf jeder Seite knusprig braten, herausnehmen und auf Küchenpapier abtropfen lassen. Jeweils etwas Stampf und Chutney mithilfe eines Anrichterings auf Teller geben und 3 Wan-Tan daraufsetzen. Nach Belieben alles mit gemischten Kräuterblättern garnieren.

TIPP: Nicht verwendete Wan-Tan-Blätter könnt ihr problemlos wieder einfrieren. Damit die hauchdünnen Teigblätter während des Verarbeitens nicht austrocknen und brüchig werden, am besten mit einem angefeuchteten sauberen Küchentuch abdecken.

DESSERT

APFEL-ZIGARREN
MIT APFELKOMPOTT
UND TONKAMOUSSE

4 PERSONEN

FÜR DIE MOUSSE
- 2 Tonka-Bohnen
- 400 g Sahne
- 1 Blatt Gelatine
- 1 sehr frisches Ei
- 1 sehr frisches Eigelb
- 100 g Zucker

FÜR DAS KOMPOTT
- 2 Äpfel (z. B. Boskop)
- 100 g Zucker
- 50 ml trockener Weißwein
- 100 ml Apfelsaft
- Mark von 1 Vanilleschote

FÜR DIE ZIGARREN
- 1 Granny-Smith-Apfel
- 1 Eigelb
- 1 EL Mehl
- 50 g Zucker
- 4 Blätter Filoteig (aus dem Kühlregal)
- 1 verquirltes Eiweiß zum Bestreichen
- 2 EL Öl

Für die Mousse die Tonka-Bohnen grob hacken und in einem Topf mit 100 g Sahne einmal aufkochen. Anschließend vom Herd nehmen und 15 Minuten ziehen lassen.

Die Gelatine in kaltem Wasser einweichen. Ei und Eigelb mit dem Zucker in einer Edelstahlschüssel über dem heißen Wasserbad schaumig aufschlagen. Die Tonka-Sahne durch ein Sieb gießen und unter Rühren zur Eiermasse geben. Die Gelatine tropfnass in einem Topf bei schwacher Hitze unter Rühren auflösen und ebenfalls unter die Eiermasse rühren, danach die Schüssel vom Wasserbad nehmen. Die restliche Sahne steif schlagen und unter die Eiermasse heben. Die Mousse in vier Gläser füllen und etwa 2 Stunden kühl stellen.

Währenddessen für das Kompott die Äpfel schälen, vierteln und entkernen. Die Viertel in feine Würfel schneiden. Den Zucker in einem Topf leicht karamellisieren, mit Wein und Saft ablöschen und das Vanillemark dazugeben. Nach Belieben die Sauce mit 1 TL Speisestärke binden. Die Apfelwürfel hinzufügen, das Kompott vom Herd nehmen und abkühlen lassen. Anschließend auf die Mousse im Glas verteilen und bis zum Servieren kühl stellen.

Für die Zigarren den Apfel schälen, vierteln und entkernen. Die Viertel in feine Würfel schneiden und mit Eigelb, Mehl und Zucker mischen. Die Filoteigblätter in etwa 20 × 20 cm große Quadrate schneiden. Jeweils ein Viertel der Apfelmasse auf 1 Teigblatt geben, die Ränder mit dem verquirlten Eiweiß bestreichen und die Teigblätter (zigarrenförmig) aufrollen. Das Öl in einer Pfanne erhitzen und die Apfel-Zigarren darin rundum knusprig braten. Aus der Pfanne nehmen und auf Küchenpapier abtropfen lassen.

Zum Servieren je 1 Zigarre quer über 1 Tonkamousse-Glas legen. (Alternativ die Mousse und das Apfelkompott separat servieren.)

KITCHEN MY STYLE OF COOKING

»WENN ICH IRGENDWO ZU GAST BIN, STELLE ICH KEINE HOHEN ANSPRÜCHE. AUCH EINE HANDWERKLICH PERFEKTE PFANNKUCHENSUPPE MACHT MICH GLÜCKLICH! OB DIE DANN VON RECHTS ODER VON LINKS SERVIERT WIRD, IST MIR WURSCHT!«

EASY GOING

Ich kann nur gut und mit Leidenschaft kochen, was mir selbst schmeckt. Zutaten, die ich nicht mag, verwende ich nicht. Deshalb sag ich allen, die vielleicht gerade mit dem Kochen anfangen oder noch ein bisserl unsicher sind: **Kocht einfach mit dem, was euch schmeckt.** Mit den Zutaten und Lebensmitteln, die ihr mögt. Das ist fast schon die halbe Miete. Dann macht es wirklich Spaß!

Kochen ist Handwerk. Und das Schöne am Handwerk? Ist für mich etwas Naheliegendes: Es darf ruhig so richtig handgemacht aussehen! Ich mag es gern, wenn ich bei Freunden eingeladen bin und den Gerichten, die sie für mich gekocht haben, ansehen kann, dass sie selbst gemacht sind. Gnocchi oder Nudeln müssen nicht aussehen wie von einer Maschine gestanzt, ein Strudel darf ruhig ein bisserl schief und krumm sein. Ich bin kein Optik-Perfektionist. Was zu perfekt wirkt, würde gar nicht zu mir passen. Essen muss nicht immer den Look haben wie beim Sternekoch. Also: locker bleiben!

KEEP IT SIMPLE

Auch beim Würzen finde ich: alles halb so wild. Ich bin kein Freund von 10.000 verschiedenen Gewürzen. Wenn man **gute Grundprodukte der Saison** nimmt, steckt schon jede Menge **Eigengeschmack** drin. Salz und Zucker sind die natürlichsten Geschmacksverstärker, die es gibt. Im Grunde kann man allen Zutaten mit etwas Salz, Pfeffer und Zucker Seele einhauchen. Kräuter, Muskatnuss, Zitronenschale, Chili oder Knoblauch verwende ich natürlich auch gern. Aber **beim Würzen** braucht man sich **nicht überschlagen**. Nehmt die Gewürze, die ihr zu Hause habt. Lasst euch von eurem Geschmack leiten. Nur ein **No-Go** gibt's für mich: fertiges Pfefferpulver. Das ist einfach nur Niespulver. Und schmeckt nach rein gar nichts!

IMMER SCHÖN LANGSAM

Ich liebe kurzgebratenes Fleisch. Es ist perfekt für die Alltagsküche. Geht leicht und schnell. Trotzdem nehme ich auch dabei etwas Geschwindigkeit raus. Gare es bei **Niedrigtemperatur**. Meine Faustregel dafür: ein Fleischstück von etwa 200 g erst in etwas Öl rundum sanft anbraten, dann im auf 90 °C vorgeheizten Ofen 15 bis 20 Minuten garen. Zum Schluss mit etwas aufgeschäumter Butter und frischen Kräutern 1 bis 2 Minuten in der Pfanne schwenken – so wird's perfekt rosa. Um zart zu werden, muss Fleisch entspannt sein. Zu viel Hitze lässt es wie verkrampft wirken. Dann ist es hinterher trocken und zäh.

»IM ALLTAG MUSS ES OFT SCHNELL GEHEN – AUCH BEI MIR. ABER WENN ICH FÜR FREUNDE KOCHE UND FÜR BESONDERE ANLÄSSE, NEHME ICH MIR DAFÜR RICHTIG ZEIT.«

NACHHALTIG KOCHEN

Zum Schluss noch etwas, was mir sehr am Herzen liegt: **Nachhaltigkeit**. Das bedeutet für mich: nichts verschwenden. Ich mag zum Beispiel gerne Resterlküche. Und vor allem: möglichst nichts wegwerfen. Auch beim Garnieren. Ein dekorativ angerichteter Teller ist ein Augenschmaus, klar. Aber ich verwende nur Deko, die man mitessen kann. Frische Rosmarinzweige oder die unsäglich pappige Crema di Balsamico aus dem Supermarkt zum Beispiel kommen bei mir nicht auf den Teller. Letzteres verhunzt den Geschmack. Und Ersteres kann man ungegart nicht mitessen – es landet hinterher nur im Müll.

WINTER

MENÜ 1

MERRY XMAS EVERYBODY!

Brot | Maronen | Äpfel | Ente | Orangen | Wurzelgemüse | Schokolade | Kaffee | Amaretto

MENÜ 2

CRISPY 'N' CRUNCHY

Rote Linsen | Speck | Brot | Rindfleisch | Pasta | Rosenkohl | Äpfel | Brötchen

MENÜ 3

WELCOME TO THE PLEASUREDOME

Kartoffeln | Wurzelgemüse | pikante Wurst | Zander | Zitronen | Kohl | Milchreis | Zimt

MENÜ 1

MERRY XMAS EVERYBODY!

Ich mag den Winter. Weil da endlich auch die Leute, die das ganze Jahr über ans Schlanksein denken, alle Fünfe gerade sein lassen. Der Winter ist bikinifreie Zone, das ist für mich als Koch ein Fest! Kalorienzählen hat Winterpause und ich kann bei den Rezepten in Zutaten schwelgen, die die Vorfreude auf die Feiertage steigern: Maroni oder Ente zum Beispiel. Maronensuppe, Ente à l'Orange – das sind für mich Traditionsgerichte, die den Duft von Weihnachten in sich tragen. Und bei den Desserts? Hat für mich das Tiramisu echte Winterqualitäten. Rohe Eier verarbeite ich nämlich nicht gerne im Sommer. Und Sahne und Kaffee passen perfekt in die kalte Jahreszeit. Und weil sich um Weihnachten herum so ein märchenhaftes Feeling breitmacht, zaubere ich aus den Klassikern ein paar festliche Alternativen – zum Reinhauen und Sattwerden. Positives Hüftgold – die Bikinifigur kann warten!

VORSPEISE

Tramezzini
mit Bratapfelscheiben
und Maronencreme

HAUPTGERICHT

Entenhaxerl
in Orangensaft geschmort
mit Wurzelgemüse

DESSERT

Schoko-Kaffee-arme-Ritter
mit Vanille-Mascarpone

VORSPEISE

Maronenterrine
mit gerösteten Erdnüssen
und Apfelchutney

HAUPTGERICHT

Rosa Entenbrust
mit Orangen-Möhren-Püree
und Pistaziengnocchi

DESSERT

Schoko-Amaretto-Karamelltarte
mit weißem Kaffeeeis

VORSPEISE

TRAMEZZINI
MIT BRATAPFELSCHEIBEN
UND MARONENCREME

4 PERSONEN

- 4 Scheiben Tramezzini-Brot (à ca. 40 g, à 12 × 24 cm)
- 50 g Butter
- 120 g Mascarpone
- 3 EL Maronenpüree (aus der Dose; siehe Tipp)
- 1 EL Amaretto (ital. Mandellikör)
- Salz • Pfeffer aus der Mühle
- abgeriebene Schale von 1 Bio-Limette
- 2 Äpfel (z. B. Granny Smith)
- 50 ml Öl

Aus den Brotscheiben mit einem runden Ausstecher (ca. 10 cm Durchmesser) 8 Kreise ausstechen (Reste anderweitig verwenden). Die Butter in einer Pfanne zerlassen und die Brotkreise darin auf jeder Seite knusprig ausbacken. Aus der Pfanne nehmen und auf Küchenpapier abtropfen lassen.

Für die Creme die Mascarpone, das Maronenpüree und den Amaretto glatt verrühren und mit Salz, Pfeffer und Limettenschale würzen.

Die Äpfel waschen und mit einem Entkerner das Kerngehäuse im Ganzen entfernen. Die Äpfel quer in 8 etwa 3 mm dicke Scheiben schneiden (Reste anderweitig verwenden). Die Apfelscheiben in einer Pfanne im Öl bei mittlerer Hitze so lange braten, bis sie karamellisiert und leicht braun sind.

Zum Servieren zunächst 1 Klecks Creme auf jeden Teller geben, darauf 1 Brotscheibe und 1 Apfelring setzen und diesen Vorgang wiederholen. Nach Belieben mit gemischten Kräuterblättern garnieren.

TIPP: Wer das Maronenpüree selbst machen möchte, schneidet einfach 500 g Maronen (Esskastanien) mit einem kurzen scharfen Messer kreuzweise ein und gart sie in etwas Wasser etwa 20 Minuten weich. Dann abgießen, schälen und mit ¼ l warmer Milch in einem hohen Rührbecher mit dem Stabmixer fein pürieren.

MARONENTERRINE MIT GERÖSTETEN ERDNÜSSEN UND APFELCHUTNEY

1 TERRINE

FÜR DIE TERRINE

- 2 Scheiben Pumpernickel
- 3 EL Butter
- 80 g vorgegarte Maronen (vakuumverpackt)
- 100 ml Apfelsaft
- 120 g Sahne
- Salz • Pfeffer aus der Mühle
- 7 g Agar-Agar
- 150 g saure Sahne (Sauerrahm)

FÜR DAS CHUTNEY

- 2 Schalotten
- 3 Äpfel (z. B. Granny Smith)
- 1 EL Öl
- 1 EL fein geriebener Ingwer
- 150 ml Apfelsaft
- Salz • Pfeffer aus der Mühle

AUSSERDEM

- 50 g Erdnusskerne
- Salz

Für die Terrine den Backofen auf 180 °C vorheizen. Ein Backblech mit Backpapier auslegen. Eine Terrinenform (20 cm Länge) mit Frischhaltefolie auslegen. Den Pumpernickel in Stücke brechen, auf dem Blech verteilen und im Ofen auf der mittleren Schiene 20 Minuten rösten. Herausnehmen und im Küchenmixer fein zermahlen. Die Butter zerlassen, die Pumpernickelbrösel untermischen und die Masse auf dem Boden der Terrinenform verteilen, leicht andrücken und kühl stellen.

Inzwischen die Maronen in einem Topf mit Apfelsaft und Sahne aufkochen und mit geschlossenem Deckel bei schwacher Hitze 10 Minuten köcheln. Alles im Topf mit dem Stabmixer fein pürieren und mit Salz und Pfeffer würzen. 5 g Agar-Agar hinzufügen und alles noch einmal aufkochen. Die Maronencreme sofort als zweite Schicht auf den Pumpernickelboden geben und die Terrine im Kühlschrank nochmals 30 Minuten ruhen lassen.

Währenddessen für das Chutney die Schalotten schälen und in feine Würfel schneiden. Die Äpfel waschen, vierteln und entkernen. Die Viertel in kleine Würfel schneiden. Die Schalottenwürfel in einer Pfanne im Öl andünsten. Die Äpfel und den Ingwer dazugeben und kurz mitdünsten. Den Apfelsaft dazugießen, alles mit Salz und Pfeffer würzen und etwa 10 Minuten marmeladenartig einkochen lassen. Vom Herd nehmen und abkühlen lassen.

Für die Terrine die saure Sahne mit dem restlichen Agar-Agar in einem kleinen Topf verrühren und einmal kurz aufkochen, danach sofort als dritte Schicht auf die Terrine geben. Chutney und Terrine im Kühlschrank noch etwa 2 Stunden ziehen lassen.

Zum Servieren die Erdnusskerne in einer Pfanne ohne Fett leicht anrösten, wieder herausnehmen, mit Salz würzen und grob hacken. Die Terrine aus der Form lösen und in Scheiben schneiden. Je 1 Terrinenscheibe auf Teller setzen (Reste nachreichen oder einfrieren). Das Chutney mithilfe eines Anrichterings danebensetzen. Die Erdnüsse darüber verteilen und nach Belieben alles mit Portulak garnieren.

TRAMEZZINI
MIT BRATAPFELSCHEIBEN
UND MARONENCREME

MARONENTERRINE MIT GERÖSTETEN ERDNÜSSEN UND APFELCHUTNEY

HAUPTGERICHT

ENTENHAXERL IN ORANGENSAFT GESCHMORT MIT WURZELGEMÜSE

4 PERSONEN

- 1 Knollensellerie
- 4 Möhren
- 400 g festkochende Kartoffeln
- 6 rote Zwiebeln
- 1 Knoblauchzehe
- 6 Entenkeulen (à ca. 200 g; mit Haut)
- 1 TL Zucker
- 1 TL Tomatenmark
- 2 Lorbeerblätter
- 6 Wacholderbeeren
- 200 ml trockener Rotwein
- 200 ml Hühnerbrühe
- 400 ml Orangensaft
- je 2 Zweige Thymian und Rosmarin
- Salz • Pfeffer aus der Mühle
- 2 EL Butter

Den Backofen auf 160 °C vorheizen. Gemüse und Zwiebeln schälen, putzen bzw. waschen und in etwa 1 cm große Würfel schneiden. Den Knoblauch schälen und in feine Würfel schneiden. Die Entenkeulen waschen, trocken tupfen und in einem Bräter ohne Fett rundum anbraten, danach herausnehmen und beiseitestellen.

Dann das Gemüse, die Zwiebel und den Knoblauch im Bräter im verbliebenen Entenfett bei mittlerer Hitze etwa 5 Minuten andünsten, bis alles leicht Farbe genommen hat. Den Zucker darüberstreuen und leicht karamellisieren. Das Tomatenmark hinzufügen und ebenfalls kurz mitrösten. Dann Lorbeerblätter und Wacholder hinzufügen. Den Wein in zwei Portionen dazugießen und jeweils etwas einkochen lassen, sodass der komplette Bratensatz am Topfboden gelöst ist. Brühe und Orangensaft dazugießen, die Keulen auf das Gemüse legen und mit geschlossenem Deckel im Ofen auf der mittleren Schiene 1 Stunde 30 Minuten weich schmoren.

Die Kräuter waschen und trocken tupfen, etwa 10 Minuten vor Ende der Garzeit dazugeben. Den Bräter aus dem Ofen nehmen und die Keulen auf ein Backblech setzen, den Ofen auf Grillfunktion (200 °C) schalten. Die Entenkeulen unter dem Backofengrill auf der mittleren Schiene noch 6 bis 8 Minuten knusprig braten. Herausnehmen, warm halten.

Inzwischen die Sauce durch ein Sieb in einen Topf passieren (das Gemüse aufheben!) und mit Salz und Pfeffer würzen, dann bis zur gewünschten Konsistenz einkochen lassen. Wacholder und Kräuter wieder entfernen und das Gemüse in einer Pfanne in der Butter nochmals kurz erhitzen.

Zum Servieren das Gemüse jeweils in der Mitte der Teller verteilen, die Entenkeulen (jeder bekommt 1½ Keulen) darauf platzieren und die Sauce darum herumverteilen.

ROSA ENTENBRUST
MIT ORANGEN-MÖHREN-PÜREE
UND PISTAZIENGNOCCHI

4 PERSONEN

FÜR DIE GNOCCHI
- 300 g mehligkochende Kartoffeln
- Salz
- 100 g Pistazienkerne
- 2 Eigelb
- 100 g Mehl
- 2 EL Butter

FÜR DAS PÜREE
- 8 Möhren
- 50 g Butter
- 400 ml Milch
- abgeriebene Schale und Saft von 2 Bio-Orangen
- Salz

FÜR DIE ENTE
- 4 Barbarie-Entenbrustfilets (à 160–180 g; mit Haut)
- Salz

FÜR DEN JUS
- 1 EL Zucker
- 1 TL Tomatenmark
- 100 ml trockener Rotwein
- 200 ml Hühnerbrühe
- 300 ml Orangensaft
- Salz • Pfeffer aus der Mühle

Für die Gnocchi die Kartoffeln schälen, waschen, vierteln und in Salzwasser weich garen. Inzwischen die Pistazien fein hacken. Kartoffeln abgießen, ausdampfen lassen und noch warm durch die Kartoffelpresse drücken. Mit Eigelben, Pistazien, Mehl und 1 Prise Salz zu einem Teig verarbeiten. Aus dem Teig 4 Rollen formen und daraus Gnocchi abstechen. Die Gnocchi in reichlich siedendem Salzwasser so lange garen, bis sie an die Oberfläche steigen. Mit einem Schaumlöffel herausnehmen, kalt abschrecken und in einem Sieb abtropfen lassen.

Für das Püree die Möhren putzen, schälen und in 1 cm große Würfel schneiden. In einem Topf in der Butter andünsten. Milch und Orangensaft dazugießen und alles offen bei mittlerer Hitze 15 bis 20 Minuten weich garen. Die Möhren samt Flüssigkeit mit dem Stabmixer fein pürieren, mit Salz und Orangenschale würzen und warm halten.

Währenddessen den Backofen auf 80 °C vorheizen. Ein Ofengitter auf die mittlere Schiene und darunter ein Abtropfblech schieben. Die Entenbrustfilets waschen, trocken tupfen und die Haut gitterförmig einritzen. In einer Pfanne ohne Fett auf der Hautseite goldgelb braten. Die Fleischseite salzen und ebenfalls kurz scharf anbraten. Die Entenbrust auf das Ofengitter legen und im Ofen 20 Minuten rosa garen.

Für den Jus den Zucker in einem Topf karamellisieren. Tomatenmark dazugeben und kurz mitdünsten. Mit Wein ablöschen und sirupartig einkochen lassen. Brühe und Saft dazugießen und einkochen lassen. Den Jus mit Salz und Pfeffer würzen und warm halten.

Zum Servieren die Gnocchi in einer Pfanne in der Butter erhitzen und mit Salz würzen. Die Entenbrustfilets in einer Pfanne ohne Fett auf der Hautseite knusprig braten (sie ist im Backofen etwas lapprig geworden!), aus der Pfanne nehmen und quer in Scheiben schneiden. Mit Püree, Gnocchi und Jus auf Tellern anrichten. Nach Belieben mit Schnittlauchhalmen und Fleur de Sel garnieren.

ENTENHAXERL
IN ORANGENSAFT GESCHMORT
MIT WURZELGEMÜSE

ROSA ENTENBRUST
MIT ORANGEN-MÖHREN-PÜREE
UND PISTAZIENGNOCCHI

SCHOKO-KAFFEE-ARME-RITTER
MIT VANILLE-MASCARPONE

4 PERSONEN

- 250 g Mascarpone
- 2 EL Puderzucker und etwas zum Bestreuen
- Mark von 1 Vanilleschote
- abgeriebene Schale von 1 Bio-Zitrone
- 100 ml kalter Espresso
- 1 Ei
- 1 Eigelb
- 20 ml Amaretto (ital. Mandellikör)
- 2 EL Kakaopulver
- 1 EL brauner Zucker
- 2 EL Butter
- 4 Scheiben Brioche (à ca. 60 g; ersatzweise Hefekuchen)

Für den Vanille-Mascarpone in einer Schüssel den Mascarpone mit Puderzucker, Vanillemark und Zitronenschale so lange gründlich verrühren, bis sich der Zucker vollständig aufgelöst hat.

Für die armen Ritter den Espresso in einem hohen Rührbecher mit Ei, Eigelb, Amaretto, Kakao und Zucker mit den Quirlen des Handrührgeräts schaumig schlagen und in einen tiefen Teller gießen.

Die Butter in einer Pfanne zerlassen. Die Brioche-Scheiben in der Espresso-Eier-Mischung tränken, kurz abtropfen lassen und in der Butter bei mittlerer Hitze auf jeder Seite 3 bis 4 Minuten ausbacken. Herausnehmen und auf Küchenpapier abtropfen lassen.

Zum Servieren die Brioche-Scheiben auf Teller setzen, mit Puderzucker bestäuben und die Mascarponecreme darauf verteilen.

SCHOKO-AMARETTO-KARAMELLTARTE
MIT WEISSEM KAFFEEEIS

1 TARTE

FÜR DAS EIS
- 200 ml Milch
- 300 g Sahne
- 100 g Kaffeebohnen
- 200 g Zucker
- 6 sehr frische Eigelb

FÜR DEN BODEN
- 150 g Mehl
- 50 g Kakaopulver
- 100 g kalte Butter
- 50 g Zucker
- 1 Prise Salz
- 1 Ei

FÜR DEN BELAG
- 130 g Zucker
- 250 g Sahne
- 40 ml Amaretto (ital. Mandellikör)
- Meersalz
- 500 g Zartbitterschokolade (60 % Kakaogehalt)

AUSSERDEM
- Butter für die Form
- 300 g getr. Hülsenfrüchte zum Blindbacken

Für das Eis in einem Topf Milch und Sahne mit den Kaffeebohnen einmal aufkochen, vom Herd nehmen und 20 Minuten ziehen lassen. Inzwischen den Zucker mit den Eigelben in einer Edelstahlschüssel so lange schaumig schlagen, bis sich der Zucker vollständig aufgelöst hat. Die Kaffeemilch durch ein Sieb zur Eiermasse gießen und alles über dem heißen Wasserbad zur Rose abziehen (siehe Foto Seite 27 und Tipp Seite 147). Danach die Kaffee-Eier-Masse abkühlen lassen und in der Eismaschine etwa 40 Minuten gefrieren lassen.

Den Backofen auf 180 °C vorheizen. Eine Tarteform (24 cm Durchmesser) mit Butter einfetten. Für den Tarteboden aus den Zutaten einen glatten Mürbeteig kneten und die Form damit dünn auskleiden. Mit Backpapier belegen, mit Hülsenfrüchten auffüllen und den Boden im Ofen auf der mittleren Schiene 15 Minuten blindbacken. Aus dem Ofen nehmen und das Backpapier mit den Hülsenfrüchten entfernen.

Inzwischen für den Belag in einem Topf Zucker, 100 g Sahne, Amaretto und 1 Prise Meersalz einmal aufkochen und unter Rühren bei mittlerer Hitze 15 bis 20 Minuten köcheln. Danach den Amaretto-Karamell auf dem vorgebackenen Boden verteilen und im Kühlschrank mindestens 45 Minuten fest werden lassen.

Die Schokolade grob hacken. Die restlichen 150 g Sahne in einem Topf erhitzen und die Schokolade darin schmelzen. Die Schokomasse auf der Karamellschicht gleichmäßig verteilen und wieder 45 Minuten abkühlen lassen, bis die Masse fest geworden ist.

Zum Servieren die Karamelltarte in Stücke schneiden und jeweils mit 1 Nocke Kaffeeeis anrichten (siehe Foto links).

MENÜ 2

CRISPY 'N' CRUNCHY

Im Winter lass ich's beim Essen gerne krachen. Deftig darf es sein, ruhig ein bisserl fetthaltiger und schwerer. Und es muss knuspern! Selbst gemachte Chips, knackige Croûtons, krosser Speck und knuspriger Teig – dafür kann ich mich jetzt total erwärmen. Und natürlich auch für so gemütliche Familiengerichte wie Sauerbraten mit Rosenkohl, Linseneintopf oder Kaiserschmarren. Ich meine aber: Diese Leibspeisen können ruhig ein Update vertragen. Deshalb hab ich die traditionellen Rezepte auseinandergedröselt und aus den Zutaten moderne Wintergerichte mit Herz und Kante kreiert. Soulfood mit Biss! Speckchips, gebratener Rosenkohl oder geröstete Brotfetzen haben genau die warmen Aromen, nach denen ich mich sehne, wenn's kalt wird. Leibgerichte, wie ich sie mag: herzhaft gewürzt, ordentlich was zum Beißen – und als Dessert eine Mehlspeise, die Leib und Seele wärmt. Superlecker!

VORSPEISE

Roter Linsensalat
mit Baconchips und
Brotfetzen

HAUPTGERICHT

Saure Filetspitzen
in Zwiebelsauce mit
Nudeln und Bratrosenkohl

DESSERT

Scheiterhaufen-Soufflés
mit Vanillemilchschaum

VORSPEISE

Linsencremesuppe
mit Speckschaum und
Bacon-Croûtons

HAUPTGERICHT

Flanksteak
mit geriebener Pasta Carbonara und
Rosenkohllaub

DESSERT

Tarte Tatin
mit Rumrosineneis

VORSPEISE

ROTER LINSENSALAT
MIT BACONCHIPS
UND BROTFETZEN

4 PERSONEN

- 12 Scheiben Bacon
- 250 g rote Linsen
- Salz
- 50 ml Balsamico bianco
- 120 ml Öl
- 1 TL mittelscharfer Senf
- ½ TL Zucker
- Pfeffer aus der Mühle
- 2 Schalotten
- 2 Möhren
- 1 Stange Staudensellerie
- 2 EL gehackte Petersilie
- 50 g Butter
- 3 Sauerteigbrötchen

Den Backofen auf 180 °C vorheizen. Ein Backblech mit Backpapier auslegen. Für die Chips die Baconscheiben nebeneinander auf dem Blech verteilen, mit einem weiteren Blatt Backpapier bedecken und, falls möglich, mit einem weiteren Blech beschweren. Den Bacon im Ofen auf der mittleren Schiene 15 bis 20 Minuten braten. Herausnehmen und abkühlen lassen, zum Servieren in mundgerechte Stücke brechen.

Für den Salat die Linsen in reichlich Salzwasser etwa 10 Minuten weich garen. Währenddessen für das Dressing Essig, 100 ml Öl, Senf, Zucker, etwas Salz und Pfeffer verrühren. Die Linsen in ein Sieb abgießen, gut abtropfen lassen und noch heiß mit dem Dressing mischen, den Salat etwa 10 Minuten ziehen lassen.

Inzwischen Schalotten schälen, Möhren putzen und schälen, beides in feine Würfel schneiden. Sellerie putzen, waschen und ebenfalls in feine Würfel schneiden. Schalotten, Möhren und Sellerie in einer Pfanne im übrigen Öl bei mittlerer Hitze 2 bis 3 Minuten andünsten, dann mit der Petersilie unter den Linsensalat mischen.

Die Butter in einer Pfanne aufschäumen lassen. Die Brötchen in mundgerechte Stücke zupfen und in der Butter rundum anrösten. Zum Servieren den Salat auf Tellern anrichten und die Baconchips und die Brotfetzen darüber verteilen.

LINSENCREMESUPPE
MIT SPECKSCHAUM UND
BACON-CROÛTONS

4 PERSONEN

FÜR DIE SUPPE
- 2 Schalotten
- 1 Möhre
- 2 EL Öl
- 200 g rote Linsen
- 100 ml trockener Weißwein
- 800 ml Gemüsebrühe
- 100 g Sahne
- Salz • Pfeffer aus der Mühle

FÜR DEN SCHAUM
- 200 g durchwachsener Räucherspeck (am Stück)
- 400 ml Hühnerbrühe
- 150 g Sahne

FÜR DIE CROÛTONS
- 2 Scheiben Toastbrot
- 8 Scheiben Bacon

Für die Suppe die Schalotten schälen und in feine Würfel schneiden. Die Möhre putzen, schälen und klein schneiden. Beides in einem Topf im Öl andünsten, die Linsen hinzufügen und Wein und Brühe dazugießen. Alles offen bei schwacher Hitze etwa 15 Minuten köcheln. Dann die Sahne dazugeben, alles mit Salz und Pfeffer würzen und mit dem Stabmixer fein pürieren. Die Suppe warm halten.

Währenddessen für den Schaum den Speck als Ganzes in der Brühe bei schwacher Hitze etwa 10 Minuten köcheln. Die Sahne dazugeben und alles noch 10 Minuten ziehen lassen.

Inzwischen für die Croûtons das Toastbrot in kleine Würfel schneiden. Den Bacon in feine Streifen schneiden und in einer Pfanne auslassen. Die Brotwürfel dazugeben und darin knusprig braten.

Zum Servieren die Linsencremesuppe in tiefe Teller verteilen. Den Speck aus der Sahnebrühe nehmen und in kleine Würfel schneiden. Die Sahnebrühe mit dem Stabmixer aufschäumen. Jeweils einige Bacon-Croûtons und Speckwürfel auf der Suppe verteilen und etwas Speckschaum daraufsetzen. Nach Belieben mit Petersilienblättern garnieren.

FREESTYLE

ROTER LINSENSALAT
MIT BACONCHIPS
UND BROTFETZEN

LINSENCREMESUPPE
MIT SPECKSCHAUM UND
BACON-CROÛTONS

SAURE FILETSPITZEN IN ZWIEBELSAUCE MIT NUDELN UND BRATROSENKOHL

4 PERSONEN

FÜR DIE NUDELN
- 300 g Mehl
- 100 g Hartweizengrieß
- 4 Eier
- 3 EL Olivenöl
- Salz
- 50 g Butter

FÜR DAS FILET
- 2 kleine Zwiebeln
- 500 g Rinderfiletspitzen
- 1 EL Öl
- 5 Scheiben Bacon
- 1 EL Zucker
- 1 TL Tomatenmark
- 100 ml trockener Rotwein
- 50 ml Aceto balsamico
- 200 ml Rinderbrühe
- 1 EL Honig
- 1 EL kalte Butter

FÜR DEN ROSENKOHL
- 300 g Rosenkohl
- Salz
- 1 EL Butter
- 1 EL Öl
- Pfeffer aus der Mühle
- Zucker

AUSSERDEM
- Mehl für die Arbeitsfläche

Für die Nudeln aus Mehl, Grieß, Eiern und Olivenöl einen glatten Teig kneten. Auf wenig Mehl mit dem Nudelholz dünn ausrollen und in feine Bandnudeln schneiden. Zugedeckt ruhen lassen.

Für das Filet die Zwiebeln schälen und in feine Würfel schneiden. Die Filetspitzen in einer Pfanne im Öl rundum kurz scharf anbraten und wieder aus der Pfanne nehmen, bis zum Servieren in Alufolie gewickelt warm halten.

Den Bacon in kleine Würfel schneiden und in der Pfanne auslassen. Die Zwiebeln dazugeben und darin andünsten. Mit Zucker bestreuen und karamellisieren. Das Tomatenmark dazugeben und etwas mitrösten. Mit Wein und Essig ablöschen und auf die Hälfte einkochen lassen. Anschließend die Brühe dazugießen und alles bis zur gewünschten Konsistenz einkochen lassen. Zuletzt den Honig und die kalte Butter unterrühren, warm halten.

Inzwischen den Rosenkohl putzen und die äußeren Blätter entfernen. Den Rosenkohl waschen und den Strunk jeweils kreuzweise einschneiden. In kochendem Salzwasser etwa 5 Minuten blanchieren, in ein Sieb abgießen und kalt abschrecken. Die Rosenkohlröschen halbieren, in einer Pfanne in Butter und Öl anbraten und mit Salz, Pfeffer und 1 Prise Zucker würzen. Warm halten.

Zum Servieren die Nudeln in reichlich kochendem Salzwasser etwa 2 Minuten bissfest garen, in ein Sieb abgießen (etwas Nudelkochwasser aufheben!) und gut abtropfen lassen. In einer Pfanne die Butter und das Nudelwasser erhitzen und die Nudeln darin kurz schwenken. Gleichzeitig die Filetspitzen in der Sauce erwärmen. Die Nudeln auf Teller verteilen, die Filetspitzen daraufsetzen und den Rosenkohl darum herumlegen. Nach Belieben mit Petersilie garnieren.

FLANKSTEAK
MIT GERIEBENER PASTA CARBONARA
UND ROSENKOHLLAUB

4 PERSONEN

FÜR DAS FLEISCH
- 1 Flanksteak (ca. 800 g; vom Rind)
- 1 EL Öl
- 1 Zweig Rosmarin
- 2 Knoblauchzehen
- 2 EL Butter
- Salz • Pfeffer aus der Mühle

FÜR DEN JUS
- 1 EL Puderzucker
- 1 TL Tomatenmark
- 50 ml Aceto balsamico
- 150 ml trockener Rotwein
- 300 ml Rinderbrühe
- Salz • Pfeffer aus der Mühle

FÜR DEN ROSENKOHL
- 300 g Rosenkohl
- 3 EL Butter
- Salz
- Zucker
- 100 ml Gemüsebrühe

FÜR DIE CARBONARA
- Salz
- 300 g tiefgefrorener Nudelteig (siehe Rezept linke Seite; ½ Rezept)
- 100 g Pancetta (ital. Bauchspeck)
- 1 sehr frisches Eigelb
- 100 ml Milch
- 50 g geriebener Parmesan
- Pfeffer aus der Mühle
- 1 EL gehackte Petersilie

Den Backofen auf 80 °C vorheizen. Ein Ofengitter auf die mittlere Schiene und darunter ein Abtropfblech schieben. Das Flanksteak in einer Pfanne im Öl auf jeder Seite scharf anbraten, auf das Ofengitter legen und im Ofen 20 Minuten garen. Herausnehmen und warm halten.

Inzwischen für den Jus in einem Topf den Puderzucker karamellisieren. Das Tomatenmark hinzufügen und kurz mitrösten. Mit Essig und Wein ablöschen, die Brühe dazugießen und alles auf die Hälfte einkochen lassen. Mit Salz und Pfeffer würzen und die Sauce nach Belieben mit etwas Speisestärke binden. Warm halten.

Den Rosenkohl putzen und die äußeren Blätter entfernen. Den Rosenkohl waschen und die Blätter einzeln abzupfen, den Strunk entfernen. Zum Servieren die Rosenkohlblätter in einer Pfanne in der Butter andünsten, mit Salz und Zucker würzen, die Brühe dazugießen und alles 2 Minuten köcheln, warm halten.

Für die Carbonara reichlich Salzwasser aufkochen. Den tiefgekühlten Pastateig auf der Gemüsereibe in das kochende Salzwasser reiben und darin 2 Minuten garen. In ein Sieb abgießen und gut abtropfen lassen. Parallel dazu den Pancetta in Streifen schneiden und in einer Pfanne auslassen. Das Eigelb mit Milch und Parmesan mischen und mit Salz und Pfeffer würzen. Die Nudeln zum Speck geben und die Herdplatte ausschalten. Die Eiermilch über Nudeln und Speck gießen, die Petersilie hinzufügen und alles zügig mischen.

Für das Fleisch den Rosmarin waschen und trocken tupfen, Knoblauch schälen. Die Butter in einer Pfanne aufschäumen lassen, Rosmarin und Knoblauch dazugeben und das Fleisch darin auf jeder Seite 1 bis 2 Minuten braten. Herausnehmen, mit Salz und Pfeffer würzen und in 8 Streifen schneiden.

Zum Servieren die Pasta auf Teller verteilen und den Rosenkohl darauf anrichten. Den Jus darüberträufeln und je 2 Fleischstreifen darauflegen. Nach Belieben mit Rosmarin garnieren.

SAURE FILETSPITZEN
IN ZWIEBELSAUCE MIT NUDELN
UND BRATROSENKOHL

FLANKSTEAK
MIT GERIEBENER PASTA CARBONARA
UND ROSENKOHLLAUB

SCHEITERHAUFEN-SOUFFLÉS
MIT VANILLEMILCHSCHAUM

4 PERSONEN

FÜR DIE SOUFFLÉS
- 100 g altbackene Brötchen (vom Vortag)
- 200 g Äpfel (z. B. Boskop)
- 150 ml Milch
- 3 EL Zucker
- 2 Eier

FÜR DEN SCHAUM
- 2 Vanilleschoten
- 200 ml Milch
- 1 TL Zimtpulver
- 1 EL Honig

AUSSERDEM
- Butter und Mehl für die Förmchen
- Puderzucker zum Bestäuben

Den Backofen auf 180 °C vorheizen. Vier Soufflé-Förmchen (à 8 cm Durchmesser) mit Butter einfetten und mit Mehl ausstäuben. Für die Soufflés die Brötchen in 1 cm große Würfel schneiden. Die Äpfel nach Belieben schälen, dann vierteln, entkernen und würfeln, mit den Brötchenwürfeln mischen. In einem Topf Milch und Zucker erwärmen, über die Brötchenmischung gießen und alles etwa 5 Minuten ziehen lassen.

Die Eier trennen und die Eigelbe unter die Brotmasse rühren. Die Eiweiße steif schlagen und vorsichtig unterheben. Die Soufflé-Masse in die Förmchen füllen und im Ofen auf der mittleren Schiene etwa 20 Minuten backen. Herausnehmen und vor dem Servieren kurz abkühlen lassen.

Währenddessen für den Milchschaum die Vanilleschoten längs aufschneiden und das Mark herauskratzen. In einem Topf die Milch mit Vanillemark und -schoten, Zimt und Honig erwärmen. Die Vanilleschoten wieder entfernen und die Vanillemilch mit einem Stabmixer schaumig aufschlagen. Die Soufflés aus den Förmchen lösen und auf Teller setzen. Mit Puderzucker bestäuben und mit Vanillemilchschaum beträufeln.

TARTE TATIN
MIT RUMROSINENEIS

1 TARTE

FÜR DIE TARTE
- 200 g Mehl
- 140 g kalte Butter
- 130 g Zucker
- Salz
- 1 Ei
- 4 kleine Äpfel (z. B. Granny Smith)

FÜR DAS EIS
- 200 ml Milch
- 200 g Sahne
- 130 g Zucker
- 2 EL Strohrum
- 4 Eigelb
- 2 EL Rumrosinen

AUSSERDEM
- Mehl für die Arbeitsfläche
- Puderzucker zum Bestäuben

Für die Tarte den Backofen auf 200 °C vorheizen. Für den Mürbeteig das Mehl mit 100 g Butter, 50 g Zucker, 1 Prise Salz und dem Ei verkneten. Den Teig zu einer Kugel formen und in Frischhaltefolie gewickelt bei Zimmertemperatur 10 Minuten ruhen lassen.

Inzwischen für das Eis in einem Topf die Milch und die Sahne mit Zucker und Rum aufkochen und über die Eigelbe in einer Edelstahlschüssel gießen. Die Eiermasse zur Rose abziehen (siehe Foto Seite 27 und Tipp) und die Rumrosinen untermischen. Anschließend die Eismasse in der Eismaschine etwa 40 Minuten gefrieren lassen.

Währenddessen die Äpfel waschen, vierteln und entkernen. Die Viertel in etwa 1 cm dicke Spalten schneiden. Den restlichen Zucker in einer ofenfesten Pfanne (24 cm Durchmesser) leicht karamellisieren, die übrige Butter dazugeben und darin zerlassen. Die Pfanne vom Herd nehmen und die Apfelspalten in einem Kreis dachziegelartig in die Pfanne schichten.

Den Mürbeteig auf wenig Mehl mit dem Nudelholz dünn zu einem Kreis in Größe der Pfanne ausrollen und vorsichtig über die Äpfel legen, dabei die Ränder gut andrücken. Die Tarte Tatin im Ofen auf der mittleren Schiene etwa 20 Minuten backen. Herausnehmen und etwas abkühlen lassen. Dann die Ränder von der Pfanne lösen und die Tarte auf eine Kuchenplatte stürzen.

Zum Servieren jeweils 1 Stück Tarte Tatin auf Tellern anrichten, mit Puderzucker bestäuben und 1 Nocke Eis danebenlegen.

TIPP: „Zur Rose abziehen" bedeutet, dass die Masse in einer Edelstahlschüssel über dem heißen Wasserbad beständig mit dem Teigschaber vom Schüsselrand weggerührt wird, bis sie etwa 80 °C heiß ist und dicklich wird. Zur Probe nimmt man den Teigschaber heraus und bläst vorsichtig auf die verbliebene Creme auf dem Schaber – bilden sich kreisartige und wellenförmige Linien (ähnlich einer „Rose"), ist die Creme fertig (siehe Foto Seite 27).

MENÜ 3

WELCOME TO THE PLEASUREDOME

Milchreis – wie lange habe ich den schon nicht mehr gegessen! Als Kind hätte ich mich da reinlegen können. Schade, dass der so ein bisserl aus dem Blickfeld geraten ist. Also hab ich mir neulich mal wieder einen gekocht. Und war total begeistert. Wie geil ist das denn?!, dachte ich. So cremig, sahnig. Einfach ein Gericht, das Spaß macht. Genauso wie eine herzhafte Kartoffelsuppe. Oder Zander auf Rahmkraut. Das sind auch so Winterlieblingsessen von mir. Aus den dreien etwas Neues zu kreieren, war für mich ein Muss. Ich hoffe, das Ergebnis macht euch genauso viel Vergnügen wie mir! In den drei Menüs ist nämlich alles drin, was Spaß macht beim Essen: etwas Knuspriges, etwas Erfrischendes, was Weiches und kross Gebratenes. Wenn diese Komponenten alle in einem Menü drin sind, ist das für mich das Höchste. Der Mund muss etwas zu tun haben beim Essen, findet ihr nicht?

VORSPEISE

Kartoffelpuffer
mit Wurzelgemüse und
gebratener Salsiccia

HAUPTGERICHT

Zander mit Kartoffeln,
Weißkrautsalat und
Zitronenschmand

DESSERT

Reisauflauf
mit Zimt-Crème-fraîche

VORSPEISE

Kartoffelmousseline
mit Wurzelgemüse-Ratatouille
und Chorizo-Crumble

HAUPTGERICHT

Gebratener Zander
auf Wirsing à la Crème
und Zitronengnocchi

DESSERT

Milchreis-Arancini
mit Zimtsauce

KARTOFFELPUFFER MIT WURZELGEMÜSE UND GEBRATENER SALSICCIA

4 PERSONEN

FÜR DAS GEMÜSE
- 2 Möhren
- ½ Knollensellerie
- 1 Stange Lauch
- Salz
- 2 EL Butter
- 50 ml Gemüsebrühe
- Zucker

FÜR DIE PUFFER
- 400 g festkochende Kartoffeln
- 3 EL Mehl
- 1 Ei
- Salz • Pfeffer aus der Mühle
- Öl zum Braten

AUSSERDEM
- 4 Salsicce (ital. Bratwürste)

Für das Gemüse Möhren und Sellerie putzen, schälen und in Streifen schneiden. Den Lauch putzen, längs halbieren, gründlich waschen und ebenfalls in Streifen schneiden. Die Gemüsestreifen in kochendem Salzwasser etwa 30 Sekunden blanchieren, in ein Sieb abgießen, kalt abschrecken und abtropfen lassen.

Für die Puffer die Kartoffeln schälen, waschen und fein reiben. Mit Mehl und Ei mischen und mit Salz und Pfeffer würzen. Von der Masse 8 kleine Portionen abnehmen und nach und nach in einer Pfanne im Öl knusprig ausbacken. Herausnehmen und auf Küchenpapier abtropfen lassen.

Das Gemüse in einer Pfanne mit der Butter und der Brühe erhitzen, mit Salz und 1 Prise Zucker würzen. Die Würste der Länge nach halbieren und in einer Pfanne ohne Fett rundum knusprig braten.

Zum Servieren je 2 Puffer auf einen Teller setzen, das Gemüse daneben anrichten und die Würste darauflegen.

KARTOFFEL-MOUSSELINE MIT WURZELGEMÜSE-RATATOUILLE UND CHORIZO-CRUMBLE

4 PERSONEN

FÜR DIE MOUSSELINE
- 300 g mehligkochende Kartoffeln
- Salz
- 120 ml Milch
- 50 g Butter
- frisch geriebene Muskatnuss

FÜR DAS RATATOUILLE
- 1 Möhre
- ⅓ Knollensellerie
- 3 Schalotten
- 1 Stange Lauch
- 2 EL Öl
- 1 EL Zucker
- 1 EL Tomatenmark
- 100 ml trockener Weißwein
- 200 ml Gemüsebrühe

FÜR DEN CRUMBLE
- 200 g Chorizo (span. Paprikawurst)
- 4 EL Panko (asiat. Paniermehl)
- Fleur de Sel

Für die Mousseline die Kartoffeln schälen, waschen, in Stücke schneiden und in Salzwasser weich garen. Abgießen, ausdampfen lassen und zweimal durch die Kartoffelpresse drücken. Die Milch mit Butter und etwas Muskatnuss erwärmen, über den Kartoffelschnee gießen und alles glatt rühren, warm halten.

Für das Ratatouille Möhre und Sellerie putzen, schälen und in ½ cm große Würfel schneiden. Die Schalotten schälen und in feine Würfel schneiden. Den Lauch putzen, längs halbieren, gründlich waschen und ebenfalls in kleine Würfel schneiden.

Das Gemüse in einer Pfanne im Öl andünsten, mit dem Zucker bestreuen und karamellisieren. Das Tomatenmark dazugeben, Wein und Brühe dazugießen und alles bei mittlerer Hitze 20 Minuten köcheln, bis die Flüssigkeit vollständig eingekocht ist.

Inzwischen für den Crumble die Chorizo in feine Würfel schneiden und in einer Pfanne ohne Fett auslassen. Den Panko darüberstreuen und alles mit Fleur de Sel würzen.

Zum Servieren die Mousseline als Strich auf Teller verteilen und den Chorizo-Crumble darüberstreuen. Das Gemüse mithilfe eines Anrichterings danebensetzen.

HAUPTGERICHT

ZANDER MIT KARTOFFELN, WEISSKRAUTSALAT
UND ZITRONENSCHMAND

4 PERSONEN

FÜR DEN SALAT
- ½ Weißkohl
- je 1 TL Salz und Zucker zum Kneten des Kohls
- Saft und abgeriebene Schale von 1 Bio-Orange
- 2 EL Balsamico bianco
- 2 EL Öl
- Pfeffer aus der Mühle
- Orangenfilets von 1 Orange

FÜR DEN ZANDER
- 200 g mehligkochende Kartoffeln
- 4 Zanderfilets (à ca. 130 g; mit Haut)
- 50 g Mehl
- Öl zum Braten
- Salz • Pfeffer aus der Mühle

FÜR DEN SCHMAND
- 150 g Schmand
- abgeriebene Schale von 1 Bio-Zitrone
- Salz • Pfeffer aus der Mühle

Für den Salat vom Kohl die äußeren Blätter entfernen, den Kohl halbieren und den harten Strunk entfernen. Die Viertel in feine Streifen schneiden oder hobeln und in einer Schüssel mit Salz und Zucker so lange kneten, bis der Kohl richtig weich ist. Alles etwa 5 Minuten ziehen lassen, dann den Kohl ausdrücken und mit Orangensaft und -schale, Essig und Öl marinieren. Zum Servieren mit Pfeffer würzen und die Orangenfilets unterheben.

Für den Zander die Kartoffeln schälen, waschen und in hauchdünne Scheiben schneiden oder hobeln. Die Fischfilets waschen und trocken tupfen. Jeweils die Hautseite der Fischfilets mit Mehl bestäuben und mit den Kartoffelscheiben schuppenartig belegen.

Die Filets in einer Pfanne in wenig Öl bei mittlerer Hitze knusprig braten. Mit Salz und Pfeffer würzen, wenden und auf der anderen Seite nochmals kurz nachbraten.

Für den Schmand alle Zutaten in einer kleinen Schüssel gründlich verrühren. Zum Servieren den Salat auf Teller verteilen und den Schmand danebensetzen. Den Zander darauflegen und alles nach Belieben mit Dillspitzen garnieren.

GEBRATENER ZANDER
AUF WIRSING À LA CRÈME UND
ZITRONENGNOCCHI

4 PERSONEN

FÜR DIE GNOCCHI
- 400 g mehligkochende Kartoffeln
- Salz
- 2 Eigelb
- 100 g Mehl
- abgeriebene Schale von 2 Bio-Zitronen
- 1 EL Butter

FÜR DEN WIRSING
- ½ Wirsingkohl
- Salz
- 3 EL Butter
- 2 EL Mehl
- 300 ml Milch
- 50 ml trockener Weißwein
- frisch geriebene Muskatnuss
- Pfeffer aus der Mühle

FÜR DEN ZANDER
- 4 Zanderfilets (à ca. 130 g; mit Haut)
- Salz • Pfeffer aus der Mühle
- Öl zum Braten

Für die Gnocchi die Kartoffeln schälen, waschen und in grobe Stücke schneiden. In Salzwasser weich garen, abgießen und ausdampfen lassen. Die Kartoffeln durch die Kartoffelpresse drücken und mit Eigelben, Mehl, Zitronenschale und Salz zu einem Teig verarbeiten.

Aus dem Teig 4 Rollen formen und von jeder Gnocchi abstechen. Die Gnocchi in reichlich siedendem Salzwasser so lange garen, bis sie an die Oberfläche steigen. Mit einem Schaumlöffel herausnehmen und kalt abschrecken, anschließend in ein Sieb abgießen und gut abtropfen lassen.

Für den Wirsing den Kohl putzen, waschen und halbieren, den harten Strunk entfernen. Die Wirsingviertel in feine Streifen schneiden oder hobeln und in kochendem Salzwasser blanchieren. In ein Sieb abgießen, kalt abschrecken und gut abtropfen lassen, dabei die restliche Flüssigkeit mit den Händen ausdrücken.

Die Butter in einem Topf aufschäumen lassen, das Mehl unter Rühren dazugeben und alles mit Milch und Wein aufgießen. Mit Salz und Muskatnuss würzen und bei mittlerer Hitze unter Rühren cremig einkochen lassen. Zuletzt mit Pfeffer würzen, warm halten.

Für den Zander die Fischfilets waschen und trocken tupfen. Die Hautseite mehrmals einschneiden, damit sich die Filets beim Braten nicht wölben. Mit Salz und Pfeffer würzen und in einer Pfanne in wenig Öl auf der Hautseite knusprig braten.

Zum Servieren den Wirsing unter die Cremesauce mischen. Die Gnocchi in einer Pfanne in der Butter nochmals kurz erhitzen. Den Wirsing mithilfe eines Anrichterings auf Teller setzen und die Gnocchi darum herumverteilen. Den Fisch mit der Hautseite nach oben daraufsetzen. Nach Belieben alles mit Dillspitzen garnieren.

ZANDER MIT KARTOFFELN, WEISSKRAUTSALAT
UND ZITRONENSCHMAND

ON STAGE

GEBRATENER ZANDER
AUF WIRSING À LA CRÈME UND
ZITRONENGNOCCHI

REISAUFLAUF
MIT ZIMT-CRÈME-FRAÎCHE

4 PERSONEN

FÜR DEN AUFLAUF
- ½ l Milch
- 50 g Zucker
- Mark von 1 Vanilleschote
- 125 g Milchreis
- 1 Ei
- 1 Eiweiß

FÜR DIE CRÈME FRAÎCHE
- 100 g Crème fraîche
- 1 EL Puderzucker
- ½ TL Zimtpulver

AUSSERDEM
- Butter für die Förmchen
- Puderzucker zum Bestäuben

Für den Auflauf in einem Topf die Milch mit Zucker und Vanillemark aufkochen. Den Reis dazugeben und alles mit geschlossenem Deckel bei schwacher Hitze etwa 20 Minuten quellen lassen. Dabei ab und zu umrühren. Den Reis vom Herd nehmen und abkühlen lassen.

Inzwischen den Backofen auf 180 °C vorheizen. Vier Soufflé-Förmchen mit Butter einfetten. Das Ei trennen und das Eigelb unter den abgekühlten Milchreis rühren. Die Eiweiße steif schlagen und vorsichtig unterheben. Die Reismasse in die Förmchen verteilen und im Ofen auf der mittleren Schiene etwa 15 Minuten backen. Herausnehmen und vor dem Servieren kurz abkühlen lassen.

Währenddessen die Crème fraîche mit Puderzucker und Zimtpulver verrühren und alles in einen Spritzbeutel mit Lochtülle geben.

Zum Servieren jeweils 1 Auflauf aus dem Förmchen lösen, auf einen Teller setzen und mit Puderzucker bestäuben. Mit dem Spritzbeutel verschieden große Tupfen Crème fraîche darum herumsetzen.

TIPP: Für ein besonders weihnachtliches Aroma könnt ihr die Crème fraîche statt mit Zimtpulver auch mit der gleichen Menge Lebkuchengewürz verfeinern!

Meine Tracklist Winter

Incubus - Drive
Metallica - Enter Sandman
3 Doors Down - Kryptonite
Rise Against - Satellite
Beatsteaks - Milk & Honey
Foo Fighters - Everlong
Tenacious D - Tribute

MILCHREIS-ARANCINI
MIT ZIMTSAUCE

4 PERSONEN

FÜR DIE ARANCINI
- 2 Eier
- 200 g gegarter Milchreis (siehe Rezept links; aus 50 g Milchreis und 200 ml Milch)
- 1 EL Mehl
- 1 EL brauner Zucker
- Mehl und Weißbrotbrösel zum Panieren
- Fett zum Ausbacken

FÜR DIE SAUCE
- 200 ml Milch
- 100 g Sahne
- 1 TL Zimtpulver
- 150 g Zucker
- 1 TL Speisestärke zum Binden

Für die Arancini die Eier trennen und die Eigelbe mit dem gegarten Milchreis mischen. Das Mehl und den Zucker ebenfalls zum Milchreis geben und alles gut verrühren. Aus der Masse mit angefeuchteten Händen 8 kleine Bällchen formen.

Zum Panieren die Eiweiße in einem tiefen Teller verquirlen. Das Mehl und die Weißbrotbrösel jeweils in tiefe Teller geben. Die Reisbällchen zuerst im Mehl wenden, dann durch die verquirlten Eiweiße ziehen und zuletzt in den Weißbrotbröseln wenden.

Für die Sauce in einem Topf Milch und Sahne mit Zimt und Zucker aufkochen. Die Speisestärke mit wenig kaltem Wasser verrühren und unter Rühren zur Zimtmilch geben. Alles unter Rühren köcheln, bis eine sämige Sauce entstanden ist, warm halten.

Ausreichend Fett in einem großen Topf oder einer Fritteuse erhitzen und die Reisbällchen darin jeweils 5 Minuten ausbacken. Herausheben und auf Küchenpapier abtropfen lassen. Die Arancini am besten noch warm mit der Zimtsauce servieren. Nach Belieben mit Minzeblättern garnieren und mit Zimt und Puderzucker bestreuen.

TIPP: Wie wäre es denn mit Bröseln aus Weihnachtskeksen anstelle von einfachen Weißbrotbröseln? Besonders gut machen sich in der kalten Jahreszeit Spekulatius – einfach in einem Gefrierbeutel mit dem Nudelholz fein zerkrümeln!

REISAUFLAUF
MIT ZIMT-CRÈME-FRAÎCHE

MILCHREIS-ARANCINI
MIT ZIMTSAUCE

ABOUT ME – MY WAY

»VOM KOCHEN HAB ICH SCHON IMMER GETRÄUMT. UND DAVON, MEIN EIGENES RESTAURANT ZU HABEN. ABER ES HAT EINE WEILE GEDAUERT, BIS ICH MICH TRAUTE, DAS ZU LEBEN. BIS MIR KLAR WURDE: WENN MAN ETWAS WIRKLICH WILL, DARF MAN ES NICHT HINTER SEINEN TRÄUMEN VERSTECKEN.«

Der Spätzleteig ist an allem schuld. Der Spätzleteig meiner Mama, der in der Schüssel so schöne Blasen schlug, wenn sie ihn anrührte. Gespannt sah ich ihr als Bub in der Küche dabei zu. War total fasziniert von diesem Zauber. Wie aus Eiern und Mehl etwas entsteht, das so gut schmeckt. Magie! **Eigentlich wollte ich schon damals Koch werden.** Aber mehr so – als Traum. In Wirklichkeit war ich schon früh vom Eishockeyfieber infiziert. Mit drei Jahren fing es an. Ich war Torwart im örtlichen Eishockeyverein. Die ganze Kindheit und Jugend hindurch. Bis ich 16 war. Sogar die Nationalmannschaft hat bei mir angeklopft. Fast wäre ich Eishockeyprofi geworden. Aber dann wurden andere Dinge wichtiger. Mädels! Ich hab nicht mehr regelmäßig trainiert. Das Leben da draußen war halt einfach viel spannender!

FREESTYLE

Handwerk war aber schon immer mein Ding. Das erste Werkzeug, das ich im Beruf benutzte, war aber kein Kochlöffel. Eher ein Schraubenzieher – ich lernte Flugzeugmechaniker. Da ist viel Handwerk dabei. Das hat mir wahnsinnig viel Spaß gemacht. Vielleicht wäre ich sogar in dem Beruf geblieben, wenn da nicht dieses Gefühl gewesen wäre, dass etwas fehlt. Ich fragte mich, ob das schon alles gewesen ist. Das fing so mit 20 an. Und wurde mit den Jahren immer dringlicher. Ich hatte das ungute Gefühl, nicht da angekommen zu sein, wo ich hingehöre. Mir fehlte die Kreativität. Die Abwechslung im Job. Der **Nervenkitzel**, mich jeden Tag aufs Neue beweisen zu müssen. Vor allem fehlte mir der Kontakt zu Menschen. Ich wollte mit meinen Händen etwas kreieren, das andere glücklich macht. Klingt kitschig. Aber genau danach sehnte ich mich! Und traute mich doch nicht, dieser inneren Stimme zu folgen. Bis ich die Menschen traf, die mir halfen, auf sie zu hören.

YOU NEVER WALK ALONE

Ich jobbte damals nebenbei in der Gastronomie. War total angefixt von der tollen Atmosphäre. Die Gäste! Der Kontakt zu Menschen. Das fehlte mir in meinem Beruf. Damals lernte ich Julia kennen. Sie ging mit mir für ein paar Monate auf Weltreise. Weit weg von zu Hause traute ich mich endlich, mir einzugestehen, wo ich hingehöre: in die Gastronomie. Als Koch. Aber ich hatte Zweifel: die langen Arbeitszeiten, keine Wochenenden, kaum freie Zeit. Welche Frau würde das mitmachen? Während der Reise sagte Julia dann zu mir: „Ich".

Ich fühlte mich wie befreit. Begann meine Kochlehre. In einem italienischen Restaurant. Mein Lehrherr hieß Vittorio. Ihm bin ich auf ewig dankbar! Er hat mich einfach machen lassen. Mir ganz viel Vertrauen geschenkt. Und mir das Geheimnis der italienischen Küche gezeigt: superfrische Produkte, schnörkellose Gerichte. Was Vittorio zum Beispiel aus ein bisserl Gemüse, Salz, Pfeffer, Zitrone gezaubert hat – fantastisch! Aus wenigen Dingen am Gaumen eine Welt entstehen zu lassen – das habe ich von ihm gelernt.

ON STAGE

Und heute? Habe ich gerade mein eigenes Restaurant eröffnet. In Landshut, wo ich lebe. Das ist wirklich Nervenkitzel pur! Ich muss mich jeden Tag aufs Neue beweisen. Meine Gäste mit dem, was ich koche, nicht nur zufriedenstellen. Sondern glücklich machen! Den Anspruch habe ich, das ist für mich **Adrenalin** pur. Da fühle ich mich ein wenig wie ein Rockmusiker. Der steht ja auch auf der Bühne vor Publikum. Gibt sein Bestes. **Holt alles aus sich heraus.** Zeigt, was er kann. Unverfälscht. Mit aller Kraft. Und ist in Einklang mit sich selbst.

REGISTER

F

G

H

J/K

O/P

R

S

Tobis Rezepte mit ...

... FLEISCH

... GEFLÜGEL

... GEMÜSE (VEGETARISCH)

KOCHEN IST WIE MUSIK. MANCHMAL MUSS ES EINFACH ROCKEN.

TOBI STEGMANN

Der passionierte Profikoch aus Niederbayern wird 2015 Zweiter in der Fernseh-Kochshow „The Taste" (Sat.1). Als „absoluter Familienmensch" hört er beim Kochen Rockmusik. Sie ist für ihn wie der Alltag in der Küche: mal hart, mal weniger hart, mal schneller, mal langsamer, mal leiser, mal lauter. Der Tisch ist für Tobi ein Ort des Genusses. Vor allem, wenn Gattin, Kinder und regionale Gerichte mit von der Partie sind.

DANKE ...

Ich möchte mich ganz herzlich bei Birgit Haider und Josef Bauer vom Seepointer Hof (www.bioeier.de) sowie bei Josef Degenbeck (Bio-Gärtnerei Degenbeck, www.bio-degenbeck.de) dafür bedanken, dass wir bei euch die tollen Landschaftsbilder machen durften. Vielen Dank für eure Zeit, eure Mühe und die super Verpflegung!

Kaiserstraße 14 b
D-80801 München

ISBN 978-3-89883-637-1
1. Auflage 2017

Projektleitung: Alexandra Gudzent
Rezepte & Texte: Tobi Stegmann
Redaktionelle Mitarbeit: Katja Mutschelknaus
Lektorat: Kathrin Gritschneder
Grafische Gestaltung: Melville Brand Design (Lars Harmsen, Florian Brugger), Irene Schulz
Foodfotografie: Thorsten Südfels
Foodstyling: Adam Koor
Porträtfotos: Daniel Sommer
Herstellung: Frank Jansen
Producing: Jan Russok
Druck & Bindung: optimal media GmbH, Röbel

Die ZS Verlag GmbH ist ein Unternehmen der Edel AG, Hamburg.
www.zsverlag.de | www.facebook.com/zsverlag

Auf den Geschmack gekommen?

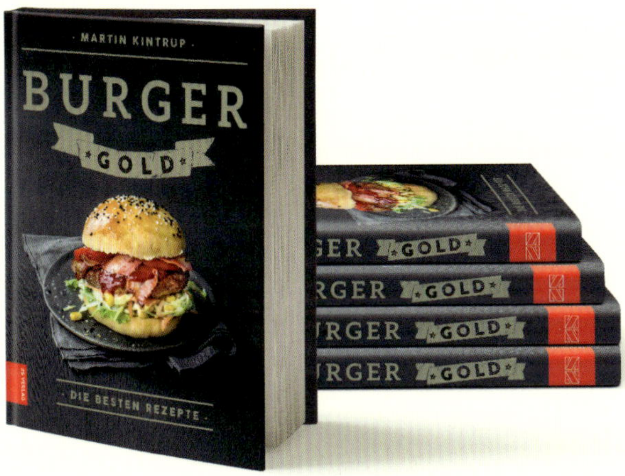

Burgerglück vom Feinsten: Über 70 ultimative Rezepte laden ein zu einer Reise durch die Welt des Szenefoods.

Martin Kintrup
Burgergold
€ [D] 15,99
ISBN 978-3-89883-527-5

Ein faszinierender Rezept- und Bildband mit den beliebtesten Streetfoodgerichten aus aller Welt.

Jutta Mennerich, Stefan Braun
Eat on the Street
€ [D] 21,99
ISBN 978-3-89883-522-0

Gleich weiterlesen!

Jetzt überall, wo es gute Bücher gibt.